AÇÕES COMO LEGÍTIMA DEFESA ECONÔMICA

VICENTE ZANCAN FRANTZ
vzfrantz@gmail.com

Versão em PDF: saraiva.com.br
Versão impressa: amazon.com

Texto atualizado em 03/09/2017

PRA SE ORIENTAR

1. INÍCIO DE CONVERSA

2. AÇÕES COMO LEGÍTIMA DEFESA ECONÔMICA

3. TÉCNICA VZF

4. MÃOS À OBRA!

5. DETALHES PRA QUEM QUER SABER MAIS

1
INÍCIO DE CONVERSA

De forma simples, objetiva, resumida e sem termos técnicos, **sugere-se o investimento em ações (mercado financeiro) como legítima defesa econômica**.

No começo, há um **artigo de opinião** claro e didático para pessoas sem conhecimento do mercado financeiro e que investem em poupança, CDBs e outras aplicações de renda fixa, as quais, segundo revela o texto escrito, em longo prazo acabam sendo investimentos de perda fixa.

Em seguida, é compartilhada com os leitores a **técnica de investimento em ações** criada pelo autor. O método possibilita que as pessoas sem profundo conhecimento acerca do mercado financeiro substituam as aplicações delas em renda fixa ou outras para passarem a obter rendimento maior através de ações, com segurança, discernimento e eficácia.

Ao fim, são feitas **observações enumeradas ao longo do texto**, com detalhes pra quem quer saber mais acerca do assunto. Essas informações foram inseridas separadamente ao final para se manter a ideia principal resumida e simplificada.

Ou seja, **aos interessados em experimentar serem acionistas**, são aproximadamente 62 páginas que demonstram como se investir em ações de modo seguro e rentável, evitando-se a perda fixa de poder aquisitivo gerada por aplicações com rendimento médio abaixo de 1% ao mês (ou da Taxa Selic ou da inflação real).

A leitura também é indicada para quem não tem dinheiro aplicado e que com o salário que ganha não consegue comprar as coisas que deseja, pois o texto demonstra como as pessoas geralmente pagam lucro excessivo a vendedores e como podem inverter esse jogo, passando a receber em vez de pagar.

O **objetivo** é explicar a área para quem não a conhece, sugerindo uma forma de aplicação e ajudando as pessoas interessadas a serem remuneradas de forma justa pelo capital próprio, defendendo-se das alternativas tradicionais – ironicamente, na maioria das vezes, propostas à população por quem ganha dinheiro com ações.

2
AÇÕES COMO LEGÍTIMA DEFESA ECONÔMICA

Como as regras do nosso mundo capitalista valorizam sobretudo o capital, **investir em ações é uma forma de legítima defesa econômica**. Sentimos que a inflação real (ex: 14% ao ano) tem estado em torno do dobro da inflação oficial (ex: 7% ao ano), bem como que os juros de aplicações em renda fixa (ex: poupança, CDB) estão abaixo da inflação real e às vezes ficam inclusive menores do que a inflação oficial. Isso revela que a tradicionalmente elogiada renda fixa, na verdade, tem significado perda fixa de poder aquisitivo.

Por isso, como se explica a seguir, investir em ações acaba sendo uma forma de se defender desse sistema econômico, já que os **acionistas podem ser consumidores que se unem para produzir o que consomem**, evitando pagar lucro a fornecedores de produtos e serviços e ainda dividindo entre si o ganho da atividade prestada aos terceiros não acionistas.

Os donos do poder político-econômico através de farta publicidade colocam na cabeça da população que é seguro e rentável investir em poupança, CDB e outras rendas fixas que pagam juro abaixo de 1% ao mês (abaixo da inflação real). Por vias transversas, esses poderosos pegam esse dinheiro da população, emprestam a quantia para terceiros com juro até mesmo acima de 400% ao ano, caso em que ficam com uns 390% do valor do juro e pagam menos de 12% por ano ao dono do dinheiro.

E pior: às vezes quem paga juro alto, por exemplo, em fatura de cartão de crédito, tem dinheiro aplicado nessas rendas fixas. Ou seja: seguidamente o **dono do dinheiro paga mais de 400% de juro ao ano pra usar o dinheiro dele próprio!**

Ao longo da história, **a compra e venda é que de longe tem proporcionado mais ganho**. Não é o estudo, a prestação de serviço, nem a produção. É o uso do capital para comprar e vender, lucrando a diferença. O comércio não exige estudo formal, nem tampouco produz e paradoxalmente é o que oportuniza o ganho mais alto.

Como resultado disso, ao usar o valor recebido por trabalho diverso da compra e venda comercial, as pessoas quase sempre são submetidas a remunerar o vendedor com um alto percentual de lucro. Assim, **na maioria das vezes o salário acaba não sendo suficiente para se adquirir as coisas necessárias e úteis** para se viver com o padrão de vida entendido como justo.

Essas são apenas umas das agressões econômicas que caracterizam o mundo contemporâneo – geralmente sem que os agredidos percebam que estão sendo violentados. Embora possa não parecer, **ações de sociedades anônimas (SAs, popularmente chamadas "empresas") significam cooperação e solidariedade**, pois as pessoas juntam os seus dinheiros para produzir coisas de que sozinhas precisariam e não poderiam fazer, geram empregos, vendem também a terceiros que não investem na produção e, por fim, dividem proporcionalmente o lucro dessas vendas.

Desse modo, em vez de emprestarem o dinheiro deles para o banco fazer fortuna, os acionistas usam o capital deles para eles próprios produzirem e ganharem o que o banco ganharia. Ao invés de pagar alto percentual de lucro ao vendedor de comida, energia elétrica, telefone, internet, roupa, carro, casa etc., no fim das contas o **consumidor compra ações dessas empresas e por se tornar acionista passa a receber o percentual de lucro e não a pagá-lo.**

Jogando dentro das regras desse jogo econômico – que nos está imposto, queiramos ou não -, **a pessoa evita ser agredida e passa a se defender.** Muda de posição e vai para o outro lado da cadeia negocial. Inclusive, no lugar de pagador de juro ao banco, passa para o de recebedor dos juros obtidos pelo banco. No exemplo acima, do cartão de crédito, deixa de receber 12% ao ano e passa a participar da divisão dos 390% no mesmo período.

É um erro mortal apenas trabalharmos pra vencermos os preços altos que diariamente pagamos ao capital alheio. Morrem os nossos sonhos. Precisamos no mínimo empatar esse jogo, fazendo nosso pequeno capital também render suficientemente e de modo real. Por esse prisma, em nosso ponto de vista **seria ideal se todos conseguissem se tornar acionistas das empresas cujos produtos e serviços consomem** (recebendo proventos líquidos equivalentes ao triplo da inflação oficial ou da taxa básica de juros etc.).

Atente-se para o fato de que **mera compra e venda de ações não se confunde com especulação**. **Especular** é agir para ganhar muito e aceitar correr alto risco de perder, sem ter compromisso, cooperação, solidariedade com os demais acionistas e a empresa. Ocorre, por exemplo, quando se vendem ações nos momentos de queda do preço e ainda mais quando se age para fazer o preço da ação subir ou descer de modo artificial, sem razão real, apenas para comprar e vender, ficando com a alta diferença de preço e gerando a miséria alheia.

Comprar ação para participar de empresa, obter parte proporcional do lucro e **vender** o papel sem prejudicar a sociedade anônima e os demais acionistas, pelas razões já mencionadas, é algo totalmente saudável, enquanto a especulação, como dito, é coisa das mais reprováveis.

A propósito, parece-nos que **é justamente a especulação que mais afugenta as pessoas de adquirirem ações**, uma vez que as acentuadas variações artificiais de preços percebidas na bolsa de valores geram risco de perda e diminuem a divisão do lucro.

A diferença é que adquirir e alienar, participando da atividade da empresa e do lucro dela, significa jogar com *fair play* e contentar-se com empate, de modo que especular equivale a se satisfazer apenas se ganhar de goleada, fazendo o técnico e os jogadores adversários perderem o emprego. Ou seja, arrisca-se perder o próprio emprego para desempregar outros, em vez de se colaborar para todos ficarem bem empregados. Investir não se trata de jogo, de aposta, e sim de **convivência entre pessoas que têm o direito de ser igualmente remuneradas de forma justa.**

Muito embora nesse sistema econômico seja impossível impedir a dita especulação, há formas criativas e eficazes de evitá-la, tornando-se seguro o investimento ora sugerido nessa área do mercado financeiro. Por exemplo, seguindo apenas **2 regras** gerais e simples que abaixo sugerimos.

Primeira: destinar pra ações toda a quantidade de dinheiro próprio que não se pretende usar nos 3 anos seguintes (tempo razoável para recuperação de preços após uma crise). Costuma-se sugerir uso de 20% a 80% do patrimônio pessoal em ações, por segurança diversificando-se o restante.

Segunda: comprar ações de empresas diversas, de setores diferentes da economia (setor financeiro, elétrico, alimentício, de comunicação, construção civil, móveis, papel, madeira, siderurgia, combustíveis etc.), quando os preços forem baixos e reais (queda na bolsa, quando há crise ou diminuição dos preços antes elevados sem razão real), com limite máximo de 15% do dinheiro das ações para cada uma das empresas escolhidas.

Usar aproximadamente **10% do dinheiro das ações pra cada uma de 10 empresas diferentes** selecionadas é uma opção segura e equilibrada. Quando umas tiverem problema, as demais mantêm uma boa renda de proventos e valorização.

É ótimo sempre se ter em mente que em regra as empresas com lucro dividem ele com os seus acionistas e assim, mesmo que o preço da ação delas caia, o comprador segue com o mesmo número de ações adquiridas, recebendo valor proporcional à quantidade dessas unidades. E a aquisição pode ser feita entre as sociedades anônimas que costumam pagar proventos equivalentes à média de mais de 1% ao mês sobre o valor unitário da compra.

Desse modo, **mesmo que o preço dos papéis comprados tenha queda, o investidor ainda terá rendimento superior ao da poupança e dos CDBs** – os quais, como se demonstra, ficam vistos como opções que em prazo superior a 3 anos seguramente geram perda fixa.

De forma simples, objetiva, resumida e sem termos técnicos, eis nossa opinião, que se confunde com uma sugestão para quem pouco ou nada entende dessa área, tão comum em países ditos desenvolvidos e ainda tão desconhecida da população brasileira: **é preciso encontrar alternativa para a manutenção do poder aquisitivo, ter ganho justo (sem excesso, nem agressão econômica) e evitar o lucro alheio excessivo e agressivo de quem pouco se qualifica, nada produz e apenas revende**.

Nesse sentido, temos convicção de que investir em ações significa uma opção excelente e adequada: **uma verdadeira legítima defesa econômica!**

3
TÉCNICA VZF

Acima expomos a parte geral de nossa ideia, que demonstra com clareza e simplicidade a vantagem de investimento em boas companhias através de ações. Agora[1], para quem deseja realizar essa experiência[2], passamos a propor um **modo específico de operação**: o passo a passo pra colocar em prática esse plano – uma maneira nossa, que denominamos "Técnica VZF", para **comprar e manter ou vender ações**[3].

Inicialmente, uma constatação empírica: a **maioria das pessoas que têm investido em ações perdem mais do que ganham**. Mas não porque o investimento é ruim e sim por causa de não conhecerem essa área: compram mais do que podem, por preço excessivo, pensando apenas no aumento do capital usado e não no desenvolvimento da atividade empresarial da sociedade anônima respectiva.

Pensam apenas em comprar e vender e não em ser sócias "de um negócio excelente", com isso ficando expostas mais à sorte/azar do que à produção/resultado. Sentimos que ganha mais dinheiro quem administra as próprias ações pensando como dono das empresas respectivas: **estuda o negócio para concluir sobre o preço e não apenas o preço em si. Na bolsa é preciso comprar realidade e não fantasia**. Por isso, inclusive, pensamos que a costumeira expressão "investimento em ações" deva ser lida como "investimento em atividade econômica de sociedade anônima com capital aberto (empresa)".

De forma geral, **quase todos que investem em ações**[4] **utilizam pelo menos um dos seguintes métodos: (I)** compra e venda diária do mesmo ativo[5]; **(II)** compra de um ativo, para vendê-lo se cair um pouco (ex: 3%) ou se subir outro tanto (ex: 5%); **(III)** compra em baixa geral da bolsa ou específica do ativo, para vendê-lo em alta, com ou sem limitação de percentual de prejuízo ou de lucro; **(IV)** compra de um ativo, em baixa ou alta, com ou sem limitação de percentual e prazo para venda, a fim de obter os proventos[6] respectivos.

A nosso ver, **a compra e venda diária (I) e aquela que limita com pouca tolerância o prejuízo (II) significam especulação**, já que aceitam alto risco de perda com a intenção de se obter lucro alto e rápido sem consideração alguma pelo desenvolvimento da atividade empresarial. Esses dois primeiros métodos inclusive usam a possibilidade operacional de se vender antes de se comprar, como quando se acredita que o preço alto vai logo cair.

Desse modo, **preferimos os métodos III e IV**, pois são mais seguros e comprometidos com a atividade produtiva. Prova disso é que, se um papel render bons proventos (ex: acima da inflação real) e o valor da ação se mantiver estável, os adeptos dos métodos I e II certamente não se satisfarão, enquanto os praticantes dos meios III e IV provavelmente mantenham o capital deles aplicado nessa empresa.

Felizmente, temos a impressão de que os métodos III e IV proporcionam mais **ganho ao acionista**. E com certeza os métodos I e II geram **lucro maior aos bancos e corretoras**, que recebem pelo número de compras e vendas efetuadas.

É comum que cada investidor combine os métodos referidos de acordo com a estratégia pessoal de investimento ou divida o capital disponível para ações a fim de aplicá-lo parte através de um método e parte por meio de outro.

Por exemplo, compra com a intenção de vender com lucro no mesmo dia (I) e se a ação cair ainda assim a mantém comprada, passando a enquadrar esse dinheiro na quota disponível para um dos demais métodos aludidos (II, III e IV); compra com a intenção de vender com lucro de 12% e se a ação cair ainda assim não a vende, satisfazendo-se com os proventos até o valor de venda pretendido ser alcançado; compra com a intenção de receber proventos e se a ação sobe excessivamente a vende para recompra do mesmo ativo quando o preço voltar ao normal, talvez usando o lucro da venda pra comprar um número maior de unidades do mesmo papel.

Aliás, nesta última hipótese, se os proventos em relação ao preço da compra forem equivalentes ao mesmo percentual da inflação oficial, com uma ou duas vendas anuais, quando o preço da ação ficar excessivamente alto, pode-se recomprar o mesmo ativo logo depois por preço mais baixo e isso faz o lucro do negócio, somado aos proventos, equivaler ao triplo dessa inflação sobre o valor inicialmente investido – alcançando-se facilmente o **objetivo**, caso este for o definido pelo investidor[7].

É uma técnica comum, segura e rentável: pessoas venderem papéis quando o preço fica muito alto, recomprando os próprios dias ou semanas depois por preço em torno de 10% mais baixo, usando o lucro da venda para comprar número maior de ações e assim ter mais proventos ou mesmo usando o dinheiro pra finalidade diversa[8] [9].

Perde quem comprou por preço alto e teve que alienar em seguida por preço mais baixo, salvo se a queda equivaler aos proventos já recebidos, caso em que o investidor que teve imprevisto e precisa vender as ações **não perderá e também não ganhará**.

Para decidir operar no mercado de valores mobiliários (bolsa de valores) no sentido dos métodos III e IV, consideramos a nossa intenção pessoal de obter remuneração pelo capital próprio com ganho real e razoável de poder aquisitivo, patamar que, como inicialmente dito, pensamos objetivamente ser **em torno do triplo da inflação oficial**.

Para tanto, combinamos os quatro métodos apontados e com teoria e prática desenvolvemos o nosso jeito de aplicar o próprio dinheiro, o qual, como adiantamos acima, denominamos "**Técnica VZF**" - **um conjunto de 4 regras objetivas** que passa a ser exposto a seguir[10].

1ª regra - 10 ATIVOS: trabalhar[11] com uns 10 ativos, de pelo menos 3 setores (elétrico, financeiro, siderúrgico, metalúrgico, imobiliário, de comunicação, madeira, papel, construção civil, vestuário, tecidos, alimentação, transporte, combustível, água, mineração, informática, máquinas, equipamentos, medicamentos, saúde, bebidas, beleza, lazer etc.), aplicando em cada um deles aproximadamente 10% de todo o dinheiro disponível pra ações[12];

2ª regra - 5% em BOM, 5% em MUITO BOM e 5% em EXCELENTE: em regra, comprar[13] somente ativo em alta[14] ou com probabilidade de alta ou de proventos, cada vez usando até 5% desse valor para preço bom[15], até 5% para preço muito bom, até 5% para preço excelente (assim se totalizando até 15% de todo o dinheiro das ações em um único ativo, conforme a 3ª regra), bem como a princípio manter ou também vender com percentual de lucro bom, muito bom e excelente - e não necessariamente com base em preço máximo provavelmente alcançável, para assim garantir lucro pelo menos parcial e evitar queda antes da pretendida venda realizadora de toda a compra[16] [17];

3ª regra - LIMITES INDIVIDUAIS, 1 para REGRA e 1 para 3 EXCEÇÕES preferencialmente cumulativas: não usar em apenas 1 ativo mais de **15%** de todo o dinheiro disponível para ações; salvo até **33%** se:

3.1) houver preço baixo por razões passageiras, extraordinárias e externas à SA (ex: crise econômica, política, social) (segurança = problema ser passageiro, extraordinário e externo);

3.2) em *blue chip*, que são os papéis mais tradicionais, seguros e negociados (PETR4, VALE5, BBAS3, ELET6, GGBR4 etc.) (segurança = tradição da SA);

3.3) em ativo que historicamente paga proventos com regularidade, inclusive no período da compra, de setor que historicamente rende bem e divide o lucro, como o financeiro e o elétrico (segurança = proventos)[18].

4ª regra - 3 LIMITES GERAIS: do valor total disponível pra ações, limitar o investimento a no máximo:

4.1) **1/2** em 1 só setor;

4.2) **1/3** em 1 só ativo (confirmação da regra dos pontos 3.1, 3.2 e 3.3, aqui do ponto de vista geral);

4.3) **1/3** em ativos historicamente bons, mas no momento da compra em baixa acentuada (por fatores internos ou externos à SA) e que não se enquadrem em *blue chips*, nem estejam tendo proventos estimados acima de 12% ao ano em relação ao valor da aquisição[19][20].

Neste grupo mencionado no item **4.3**, geralmente estarão empresas sem proventos no período da compra e com preço da ação abaixo de 20% do valor patrimonial dela (P/VP de 0,2), como em 2016 ocorreu com RSID3 vendida a R$ 2,00 e com valor patrimonial de R$ 56,00, OIBR4 vendida a R$ 0,80 e com valor patrimonial de R$ 12,00, USIM5 vendida a R$ 0,85 e com valor patrimonial de R$ 11,00.

A observância dessas regras nos permite esperar os seguintes efeitos:

Efeito da 1ª regra: "10 ATIVOS" em 3 setores diferentes de forma geral proporcionam equilíbrio tanto em número de empresas quanto de setores da economia, diminuindo risco/aumentando segurança, especialmente quando as quedas de preço forem por fatores internos à SA ou ao setor dela[21];

Efeito da 2ª regra: "5% em BOM, 5% em MUITO BOM e 5% em EXCELENTE" em cada aquisição e alienação proporcionam lucro equilibrado, pois diminuem o risco de compra total por preço que depois caia mais, evitam não se efetuar venda já boa por quem queria ganhar ainda mais, geram segurança pra se adquirir e vender mais vezes, somando-se os lucros, que pelos valores das compras podem acabar ocorrendo em curto, médio e longo prazo, bem como dispensam *stop loss* (limite da perda) e tornam útil *stop gain* (limite do ganho);

Como efeito dessa 2ª regra, ainda, está a observância da lógica de que equilibrar a carteira é sempre ideia que gera segurança (embora a rentabilidade possa ser menor), por se correr menos risco. Se for considerado o conhecido fato de que a maioria das pessoas perdem, o equilíbrio nos parece ser mesmo uma ótima opção pra quase todos na bolsa. Por isso, pela regra ora em comento, **há tendência de se usar 1/3 do capital das ações pra compras boas, 1/3 pra muito boas e 1/3 pra aquisições excelentes**. Evita-se perder e provavelmente se acabe aumentando o ganho a longo prazo. Pois, se a bolsa sobe, ganha-se com as boas; se cai, as muito boas e as excelentes compensam a queda das boas. Ou seja: subindo ou descendo haverá ganho – tão equilibrado que queda na bolsa significará alegria e não tristeza!

Compreendida a proposta forma segura, equilibrada e rentável de aquisição, **é natural se perguntar como realizar (alienar) o lucro das compras de 1/3 em boas, 1/3 em muito boas e 1/3 em excelentes**. Tudo depende da meta de cada um. Cremos que a regra geral para a realização seja o alcance da valorização que motivou a compra (ex: subida boa, muito boa ou excelente), aumentando-se ou diminuindo-se essa exigência conforme cada caso e mantendo-se o ativo comprado quando o preço dele não variar e seus proventos forem pagos satisfatoriamente. Diga-se de passagem: quando a curto prazo ocorrer valorização próxima à esperada, pode-se vender o papel e somar-se o lucro com o rendimento da renda fixa nos meses seguintes para se alcançar o percentual inicialmente desejado.

Efeito da 3ª regra: "LIMITES INDIVIDUAIS, 1 para REGRA e 1 para 3 EXCEÇÕES preferencialmente cumulativas" exigem justificativa sólida para a compra acentuada do mesmo ativo, evitando compras sem perspectiva de ganho e, pelos critérios objetivos, economizam bastante tempo na análise da viabilidade de cada compra – inclusive, juntamente com as demais regras, permitem que pessoas "sem tempo para acompanhar o mercado" invistam através de ações, com esclarecimento, segurança e eficácia[22];

Efeito da 4ª regra: "3 LIMITES GERAIS" geram segurança pela limitação até das melhores compras nos melhores setores; objetivam afastar especulação (alto risco buscando muito lucro e com sujeição a muita perda), proporcionar o máximo de lucro dentro de um método seguro para comprar, viabilizar recebimento de proventos enquanto não for alcançado o preço de venda satisfatório e oportunizar alienação sem perda.

Além de observar essas regras, sugerimos que cada interessado fique atento aos efeitos esperados, aproveite tal experiência para **adaptar cada vez mais a técnica proposta ao próprio interesse pessoal** e siga **anotando a renda anual para comparações diversas.** Ademais, recomendamos que **sempre se busquem proventos, mas sem se perderem boas compras e vendas.**

Igualmente, alertamos para uma importante constatação fática no mercado de ações: até surgir uma boa oportunidade de compra, **ficar com o capital líquido** (com dinheiro temporariamente depositado em renda fixa, para uso em 3 dias, que costuma ser o prazo para o pagamento das ações compradas) **seguidamente se equipara a estar tendo boa renda, pois quando a ação cai pode ser comprada por preço mais baixo,** aumentando-se o capital pelo maior número de unidades adquiridas quando estas se valorizarem.

Em resumo claro, simples e objetivo, essa é a nossa **opinião de investimento em ações ser legítima defesa econômica**[23], com **fundamentos, relato geral resumido** da área e **compartilhamento de uma técnica de operação,** que pode ser adaptada para atender mais ao interesse de cada investidor.

Perceba-se que **quem é agredido economicamente e adquire ações não passa a também agredir e sim a se defender:** escolhe um meio lícito (ações) e o usa de modo adequado (sociedade para produzir o que consome), proporcionalmente ao capital próprio e sem causar prejuízo a terceiros (responsabilidade social). Se porventura um ou mais acionistas com esse ponto de vista se tornarem majoritários em uma companhia, podem inclusive mudar a política administrativa da empresa.

Do mesmo modo, se acumularem bastante capital, reconhecendo que "a riqueza deve ser social", podem destiná-lo à **filantropia**, como alguns bilionários têm feito – a exemplo de Bill Gates, Warren Buffett, George Soros, Mark Zuckerberg, Elie Horn.[24] Aliás, cada investidor, até mesmo os menores, podem **doar** os ganhos que acharem excessivos. Se os investidores não administram uma sociedade anônima agressora, não há razão pra considerá-los agressores econômicos.

Existem várias outras técnicas nessa área[25], razão pela qual recomendamos aos interessados pesquisarem sobre "investimento em ações", "análise fundamentalista", "análise técnica" e por aí identificarem as informações que procuram[26].

Opinamos que, em síntese, a **escola técnica**, baseada na teoria de Charles Dow, dirá que as ações têm ciclos de alta e baixa que se repetem, por isso valendo a pena simplesmente olhar o gráfico de preços, comprar em baixa, vender em alta; já a **escola fundamentalista**, baseada especialmente nas ideias de Benjamin Graham, levará a se encontrar o preço justo da ação com base em fundamentos dela (ativos, patrimônio, dívida, resultado operacional, proventos, provável valorização etc.), comprando-se abaixo dele e mantendo-se a compra ou vendendo-se acima dele.

Análise técnica muitas vezes gera conclusão diversa de análise fundamentalista. Esta nos leva a identificar empresas com preço abaixo do que deveriam ter ou que terão um valor crescente e aquela nos faz acreditar que o preço de determinada empresa subirá mais. Assim, observando-se os fundamentos geralmente se compram ações com preço baixo, enquanto observância técnica muitas vezes induz a se adquirir por preço alto que se conclui provavelmente logo subir ainda mais.

Análise fundamentalista é mais usada pra se encontrar empresas que provavelmente se valorizarão em meses ou anos e **análise técnica** busca o momento exato de uma "arrancada". Aquela analisa a companhia e esta considera gráficos. A primeira foca mais na companhia e a segunda mais na multiplicação do capital. Se uma ação adquirida cair 10%, quem fez análise fundamentalista tende a não vendê-la e quem analisou tecnicamente já a deve ter alienado.

Um dos efeitos disso é que se o preço da ação não se alterar por semanas ou meses os adeptos dos fundamentos vão se contentar com proventos e os simpatizantes da referida técnica estarão insatisfeitos pela falta de movimento, que não lhes possibilitou o "tudo ou nada imediato".

Apesar do alto risco, a maioria das pessoas sonha com ganhos rápidos e faz análise técnica buscando compras e vendas em minutos, horas ou dias, calculando que a **"resistência"** a um preço será rompida, subindo mais, ou que um preço tenha **"suporte"** para não cair mais. Sentimos que na maioria das vezes a análise técnica leva à especulação.[27]

Como visto, a nossa teoria se baseia principalmente em **conhecimento empírico**, almeja ajudar as pessoas interessadas em ganho real, seguro, justo, bem como contribuir para o desenvolvimento de **justiça socioeconômica**, obviamente **se limitando ao campo de probabilidades, já que na referida área não existem certezas**.

Inclusive seria útil que quem gostou das ideias e explicações recomendasse o livro a conhecidos, para talvez juntos ajudarmos mais gente. Quem sabe conseguiríamos até mesmo formar um **grupo de estudos** a partir da técnica VZF etc., a qual tem sido colocada em prática e proporcionado rendimento médio superior ao objetivo de rendimento líquido em percentual equivalente ao do triplo da inflação oficial.

A nossa formação acadêmica é na área jurídica e não na de Economia. **Pra facilitar a vida alheia, estamos compartilhando do modo mais simples, breve e acessível**

possível informações e raciocínios que não encontramos quando há aproximadamente 20 anos começamos a pesquisar essa área, o que teria atalhado bastante o nosso caminho.

Ao fim, registramos o nosso voto de êxito na relação capital e trabalho, bem como de rendimento justo e proporcionalmente igualitário a todos!

4
MÃOS À OBRA!

Como se demonstrou, uma **"leitura alternativa" da economia** nos mostra que existe muita desigualdade na remuneração por trabalho e capital (ex: salário insuficiente pra pagar alto lucro de vendas), profunda injustiça na distribuição de rendimentos (ex: renda fixa X proventos) e que a grande publicidade da renda fixa é feita justamente por quem explora o aplicador.

Verificou-se que aplicar o capital próprio em renda fixa abaixo de 1% ao mês, para a realidade brasileira, a longo prazo (ex: 3 anos e diante da Taxa Selic de 2017), acaba significando perda fixa de poder aquisitivo. A compra e venda, por proporcionar ganho maior do que o trabalho, faz com que a aquisição de ações por quem recebe salário seja a maneira de pelo menos neutralizar o lucro excessivo do vendedor – estabelecendo **mais justiça e igualdade na relação venda – trabalho – compra**.

Explicou-se como de modo geral funciona o investimento em ações, situando-se nessa área **pessoas sem conhecimento do tema**, tanto aquelas já com interesse nesse sentido, quanto outras que nunca refletiram acerca do assunto.

Para atalhar o tempo dos interessados e viabilizar com segurança, esclarecimento e eficácia os primeiros passos de cada um deles, criou-se uma **técnica para aplicação em atividades econômicas** desenvolvidas por sociedades anônimas fornecedoras dos produtos e serviços consumidos por cada trabalhador, através da aquisição de ações.

Além disso, foram feitas **observações** pra quem quer saber mais e recomendaram-se **pesquisas** para aqueles determinados a se aprofundar no assunto.

A propósito, de modo implícito desejou-se a percepção do leitor acerca da cultura popular brasileira sobre investimentos ser intrigante. De forma geral, as pessoas pensam que estudar investimento é coisa pra rico, mas na verdade importa muito mais ao pobre. Quanto menos dinheiro uma pessoa tem, mais útil pra ela se revela o estudo sobre administração, economia e investimento. Pois se o dinheiro do rico aumentar é provável que ele siga comendo a mesma coisa, morando no mesmo lugar, tendo o mesmo lazer, seguindo com a mesma qualidade de vida. Já o pobre que tiver disponível mais dinheiro poderá comer e morar melhor, ter mais lazer e menos trabalho, aumentar bastante a qualidade de vida dele. Então, considerando que a ampla maioria dos brasileiros não são ricos, é muito útil que quase todos estudem sobre investimentos.

  Oportunamente, para exemplificar de modo simples a vantagem de ingressar no mundo da bolsa, acreditamos ser bastante válida uma comparação lógica entre imóveis e ações, já que as pessoas de modo geral têm bem mais noção sobre o mercado imobiliário do que acerca do mercado mobiliário.

  Repetindo, pensamos que uma lógica segura e rentável para se aplicar em ações é comprar aquelas cujos proventos equivalham à quantia que aplicação em renda fixa proporcionaria com o valor usado na compra das ações, especialmente quando o preço pago está abaixo do valor patrimonial respectivo (ou do preço "justo", segundo o Mercado).

  Assim, uma hipótese: alguém compra um apartamento que sabe valer 100, com o objetivo de receber 1 por mês de aluguel e valorização do imóvel. Mas em poucos meses um comprador oferece 200 pelo apartamento que se sabe seguir valendo 100. Valeria a pena se vender o imóvel por 200? Provavelmente quase todo mundo diria que sim. É isso que ocorre com ações, cujo preço varia muito, por razões pessoais de cada comprador, as quais não cabe ao vendedor questionar e sim tão somente aceitar a proposta. Ainda mais que ambas as partes sabem que o comprador que por razões pessoais pagou preço acima do valor patrimonial em alguns meses ou anos muito provavelmente oferecerá o apartamento à venda por preço de novo próximo a 100, oportunizando alto ganho à pessoa que comprou abaixo do valor patrimonial, vendeu acima dele e após pôde fazer a recompra por preço abaixo daquele por qual antes vendeu.

Outra hipótese: todos sabemos que o valor patrimonial de um imóvel é baseado no terreno, no material de construção e na mão de obra respectiva. Por isso, quem construiu gastando 100 não irá vender pelo preço de 50. Mas são várias as ações que, embora tenham o valor de 100, sejam vendidas pelo preço de 50, 40, 10. Em regra, perde quem paga preço acima do valor patrimonial (ou do considerado "justo" pelo Mercado).

Então, como a maioria das pessoas deseja boa rentabilidade e segurança, em vez de comprar imóvel e o alugar durante anos, vale muito mais a pena comprar ações por preço abaixo do valor patrimonial, que paguem proventos superiores a 1% ao mês (rendimento de aluguel e valorização de imóvel), aguardando meses ou anos para tais ações se valorizarem como pretendido.

A história, que nessa área naturalmente em sua essência se repete, mostra que quem comprar com esse critério e esperar anos para as ações se valorizarem irá ganhar muito mais do que quem adquiriu imóveis no mesmo período. A única dificuldade, que cremos ser pequena, é aprender um pouco sobre ações como no geral todos sabem sobre imóveis, a fim de se identificar o preço do valor patrimonial de um papel como se tem noção em relação a apartamentos, terrenos e casas.

Além disso, pra não haver mesmo dúvida das grandes vantagens de investimento em ações em relação aos popularmente conhecidos imóveis, contemplamos o leitor com mais uma ideia – pra motivar uma boa experiência no mercado financeiro. Como 3 anos é um prazo dentro do qual uma compra boa de ações muito provavelmente proporcionará bom lucro, é sempre válida a possibilidade de venda de um imóvel bem valorizado, incluindo-se nesse contrato a cláusula de retrovenda (art. 505 do atual Código Civil brasileiro), pela qual se passa a ter o direito de recomprar o bem dentro dos 3 anos seguintes.

Ou seja, é a oportunidade de se adquirir boas ações com o dinheiro da alienação do imóvel e depois recomprá-lo, ficando-se com a diferença do lucro obtido com a venda dos papéis. Inclusive, se o vendedor do imóvel que quer comprar ações se comprometer a seguir morando no bem, pagando aluguel e uma valorização do objeto negociado no ato da recompra, é possível que um investidor em imóveis se interesse bastante por tal renda segura e garantida, de modo que esses negócios sejam vantajosos para ambas as partes.

Do mesmo modo, tentando tornar o mercado financeiro acessível a todos, explicamos às pessoas que não conhecem ações, mas entendem de agricultura: é útil pensar que a bolsa de valores funciona como safras. Geralmente o plantio se faz em tempo de crise e a colheita ocorre em período de recuperação da economia. São ciclos cujo proveito exige organização e paciência, calculando-se os ganhos variáveis conforme a média de cada período.

Derradeiramente, a quem quiser comentar as ideias compartilhadas, criticá-las ou contatar o autor, basta escrever para vzfrantz@gmail.com – e na medida do possível responderemos.

Enfim, se você também deseja contribuir para a realização de **justiça socioeconômica e distribuição igualitária do capital**, seja muito bem-vindo (a) e mãos à obra!

5
DETALHES PRA QUEM QUER SABER MAIS

¹ **Ler primeiro as partes 1, 2, 3 e 4** deste livro, sem os detalhes da parte 5. Após, numa segunda ou terceira leitura, quando o conteúdo das 4 primeiras partes já estiver assimilado, daí sim recomendamos ler tudo (partes 1, 2, 3 e 4) do início ao fim e acompanhando os referidos detalhes. Senão, lendo-se as 3 primeiras partes já com as observações da parte 5, será muita informação a quem se depara pela primeira vez com esse conteúdo e a ideia geral pode ficar confusa.

² **Procurar um banco ou uma corretora de valores**, que são as instituições que possibilitam investir em ações através de um programa chamado *home broker,* o qual nada mais é do que uma conta bancária acessível com usuário e senha individual.

³ As companhias com ações disponíveis para compra são as "sociedades anônimas de **capital aberto**". Há também as de "**capital fechado**", cujos papéis não são negociados na bolsa de valores.

⁴ Ações negociadas na bolsa podem ser **ordinárias**, que dão direito a voto; ou **preferenciais**, que não proporcionam essa vantagem, mas geralmente pagam proventos pelo menos 10% superiores aos da outra classe mencionada. Por isso, investidores buscam mais as preferenciais.

Algumas sociedades anônimas negociam ambas as espécies na bolsa e outras disponibilizam apenas uma delas. Por exemplo, a ELET3 é a ordinária e a ELET6 é a preferencial da Eletrobras. Mais detalhes sobre classes de ações estão na **Lei 6.404/76**, a exemplo do contido nos arts. 15 e 17, bem como nos **estatutos** de cada companhia.

⁵ Código de 4 letras e um número, termo usado para identificar uma empresa no momento da compra e venda. Por exemplo, ELET3 é o ativo Eletrobras que representa a ação ordinária dela. Ativo também é usado como sinônimo de ações, papéis.

⁶ Os proventos (nas espécies de dividendos ou de juros sobre capital próprio) são pagos para quem é proprietário das ações em determinado dia, que fica denominado *data ex*. Como essa data é definida e tornada pública com antecedência, é comum que alguns dias antes dela o preço do ativo respectivo comece a subir.

Esse aumento muitas vezes acaba sendo inclusive maior do que o valor dos proventos, pois além dos interessados em recebê-los há quem aproveite a provável subida de preço para comprar, vender e lucrar percentual alto em poucos dias, colaborando para uma "valorização artificial" de determinado papel. Ou seja: **dias antes da *data ex* o preço tende a subir e dias depois tende a cair,** salvo se existir fator extraordinário preponderante a esse.

⁷ As empresas com ações mais negociadas na Bolsa de Valores de São Paulo (a qual, apesar do nome, abrange Sociedades Anônimas de todo o Brasil) têm o desempenho delas usado para formar o chamado **Índice Bovespa**.

Nos períodos médios e longos em que o Ibovespa tem desempenho abaixo de 1% ao mês, não significa necessariamente que investimentos na bolsa tenham tido desempenho pior do que aplicações em renda fixa. Pois ações são compradas e vendidas individualmente, com **cada investidor fazendo a sua própria combinação de empresas**, logicamente evitando a aquisição das que tendem a se desvalorizar.

Portanto, a renda de cada acionista será diferente do desempenho do Ibovespa, sendo este apenas um **índice médio de todos que compram e vendem**, razão pela qual não é muito útil a comparação de desempenho do Ibovespa com o da renda fixa – feita com frequência pelos bancos para motivar (ludibriar) pessoas a investirem em Poupança, CDB etc. Além disso, o Ibovespa não considera os proventos que os acionistas receberam, os quais por si só podem ter sido acima de em média 1% ao mês.

 É útil esclarecer a nossa afirmação acerca da **inflação na realidade ser superior à medida por órgãos públicos**. Se em cada 31 de dezembro uma pessoa anota os preços das coisas que costuma comprar e os compara com os preços dos mesmos produtos nos anos anteriores, perceberá que a inflação real está acima da oficial. E seguidamente também acima do resultado da renda fixa.

 Assim, com simplicidade, pode-se constatar que aplicação em renda fixa acaba sim sendo perda fixa. A técnica VZF gera pouco risco dentro da bolsa e proporciona ganho real. Então, em nosso ponto de vista, ela é menos arriscada do que aplicação em renda fixa por longo prazo, porque esta desde o início se sabe gerar perda fixa de poder aquisitivo.

 Já a respeito das mencionadas possíveis e prováveis acentuadas oscilações de preços no mercado, opinamos que, embora a economia esteja se desenvolvendo ao longo das décadas e dela se espere cada vez mais estabilidade, a desigualdade social tem aumentado e a tecnologia tem proporcionado compartilhamento de informações muito mais rapidamente do que ocorria no passado.

 A nosso ver, pelo menos até essa "nova realidade" ser assimilada pela maioria das pessoas, a situação descrita causará **crises com mais frequência do que ocorreram até aqui**, pois desigualdade social gera instabilidade e informar esse panorama aos desfavorecidos provavelmente levará a crises. Se isso se confirmar, terá sido adequada a sugestão de se vender papéis excessivamente valorizados. Mas claro que é possível se concretizar uma inesperada e longa estabilidade geral, inclusive por pessoas se acostumarem a viver tranquilamente com informações ruins frequentes, as quais antes, quando eram esporádicas, geravam crises.

8 No Brasil, quem vende ações em valor total de até R$ 20.000,00 no mesmo mês fica **isento de imposto de renda**. É um grande incentivo para o pequeno investidor aplicar no setor produtivo. Para garantir lucros e adequar o valor disponível para compra de ações (limites individuais e gerais, pela técnica VZF), sugerimos que o pequeno investidor exerça essa faculdade, deixando-se de pagar em torno de 15% de IR sobre o lucro obtido.

9 Uma forma de **vender e seguir investindo na empresa** é usar o lucro pra comprar um número maior dessas mesmas ações assim que estas caírem e voltarem ao "patamar normal". Com um número maior de unidades, aumentarão proporcionalmente os proventos, que também podem ser reinvestidos, caso o acionista não precise utilizar o dinheiro respectivo pra outra finalidade.

10 **O objetivo da teoria é obter rendimento líquido médio anual de pelo menos o correspondente ao triplo da inflação oficial** (ou da Taxa Básica de Juros, da Renda Fixa), com segurança e colaborando com o desenvolvimento da atividade econômica da companhia e do país, realizando justiça socioeconômica, proporcionando o que denominamos legítima defesa econômica individual e social.

Além disso, pessoalmente, preferimos investir nas **atividades que fornecem os bens e serviços que consumimos**, evitando coisas que não aprovamos, como refrigerante e cigarro.

11 Mencionamos "**trabalhar**" com ações, mas tecnicamente se trata de investimento, já que na relação capital e trabalho este fica a cargo da sociedade anônima. Esta usa o dinheiro do acionista e o remunera através de proventos pelo "empréstimo".

Diga-se de passagem que, se houver lucro, ele será dividido entre a SA e os acionistas dela; se houver prejuízo ou lucro, a SA pode pagar aos acionistas juro sobre o capital deles, que ela "pega emprestado para desenvolver a atividade econômica prevista no Estatuto Social".

Leia-se essa boa notícia: o acionista pode ganhar mesmo que a companhia tenha prejuízo. Seria ideal que toda empresa pagasse anualmente aos acionistas dela juro sobre o capital equivalente a pelo menos a inflação oficial, evitando a desatualização monetária do capital do investidor usado pela companhia e proporcionando segurança e estabilidade na área.

[12] O **valor disponível para compra de ações** irá variar, pela alteração diária nos preços dos papéis. Por cautela, que gera segurança, sugerimos que o montante destinado a cada ativo seja sempre (altas ou quedas) calculado sobre o total do valor atualizado disponível para compra de ações

Assim, por **exemplo**, quem tem R$ 100.000,00 ao todo e usa R$ 20.000,00 para comprar BBAS3 pelo preço unitário de R$ 25,00 terá nas 800 ações deste ativo 20% do total; se o preço unitário subir para R$ 35,00 (800 x 35 = 28.000), passará a ter nesse ativo 25,92% do total (R$ 28 mil sobre R$ 108 mil); se o preço unitário cair para R$ 15,00 (800 x 15 = 12.000), passará a ter nesse ativo 13,04% do total (R$ 12 mil sobre R$ 92 mil).

Esse critério de cálculo de percentual individual sobre o total, para se respeitar os limites da técnica, indicará alienação em alta e aquisição em queda, **mantendo equilibrado o conjunto de ações e de operações de compra e venda**.

Com relação à diversificação da carteira (total das ações compradas), não se pode esquecer que a variação média de preços será bem mais constante do que a individual. Mesmo assim, aos que estão **substituindo investimento em renda fixa por ações**, é preciso entender e aceitar que essa renda é muito variável.

Por exemplo, diante de uma compra de R$ 100.000,00 em diferentes papéis e após 6 meses seguir-se tendo esse mesmo valor, existem diferentes pontos de vista: satisfação por não perder, insatisfação por não ganhar, tranquilidade por compreender que faz parte do negócio e que a divulgação de um resultado econômico positivo ou de um fato concreto que leve a ele pode em poucos dias gerar uma alta de preço acentuada – semelhantemente à brusca valorização de um imóvel situado em rua cujo asfaltamento se divulga ou em frente a um terreno no qual se anuncia construção de um *shopping center*.

Assim, do mesmo modo que a compra de um terreno exige análise de possível valorização, a aquisição de uma ação deve ser feita após se avaliar a perspectiva de aumento do preço de tal companhia (até pra quem busca exclusivamente os proventos, pois estes devem ser menores se o preço do papel cair). **Depois de efetuada uma compra boa, deve-se ter paciência e aceitar oscilações**.

Curiosamente, o que faz o preço das ações oscilar muito não é tanto o desempenho das empresas e sim o desequilíbrio das pessoas somado à má-fé de grande parte delas. Aliás, há quem estude psicologia para ter sucesso na bolsa. Os **desequilibrados depressivos ou eufóricos de modo excessivo e os mal-intencionados fazem um pequeno fato causar uma grande variação positiva ou negativa nos preços das ações**.

Pessoalmente, adoraríamos que o preço dos papéis não variasse acima da inflação real e que os proventos fossem pagos para os acionistas sem grande alteração e sempre acima da inflação real. Mas a "lei de oferta e procura" não permite isso, já que naturalmente gera uma variação nos preços, bem como **inúmeros fatores racionais e emocionais também fazem as ofertas subirem e descerem constantemente**.

Por isso, **embora muita gente não goste de ações pela referida oscilação de preços, um fato verdadeiro é que essa variação pode ser excelente**: acabam ganhando bastante as pessoas que usam dinheiro que pode ficar anos investido sem necessidade de resgate, já que elas não perdem (por não precisarem vender quando os preços caem) e ganham bastante se vendem as ações acima do preço de compra e/ou recebem proventos acima do que aplicação em renda fixa pagaria proporcionalmente ao valor investido.

Desse modo, ao escolhermos companhias e setores, um ponto de vista muito empolgante é saber que **podemos ser sócios dos melhores negócios existentes**. Não precisamos criá-los, nem desenvolvê-los por décadas. Já pegamos o trem andando e podemos sentar à janela, tendo alto desconto na passagem.

Pois com bem pouco dinheiro podemos comprar uma pequena parte (poucas ações) das companhias que mais admiramos, especialmente quando estiverem desvalorizadas no mercado (preço baixo). Neste, tende-se a perceber a desvalorização e corrigi-la com compras, o que fará nosso papel subir de preço.

Sobre o mencionado desconto, perceba-se: toda sociedade anônima de capital aberto tem um patrimônio líquido e um número determinado de ações. Dividindo-se o patrimônio líquido pelo número de ações se encontrará o valor patrimonial de 1 ação, bem como dividindo-se o preço da ação (cotação) pelo valor patrimonial dela se obterá o chamado **P/VP** da ação. Por exemplo, em 24/01/2017, a Petrobras tinha um patrimônio líquido de R$ 259.535.000.000 e um número de 13.044.500.000 ações; portanto, um valor patrimonial de R$ 19,90 por cada ação. Considerando o preço (cotação) de R$ 16,04, o P/VP dessa grande empresa era de 0,81.

É um cálculo simples de se fazer com base nos dados que **cada companhia divulga na página dela com regularidade e destaque**. E pra ficar ainda mais fácil: páginas especializadas, como a Fundamentus, listada abaixo, divulgam gratuitamente esse e vários outros dados, inclusive prontos, calculados.

Por isso, reafirmamos que comprar ações com **P/VP abaixo de 1,0 é como ter desconto, já que preço/cotação estão abaixo do valor do patrimônio respectivo**. Nesse sentido, adquirir papéis em tempo de crise na bolsa é como entrar numa loja e levar produtos de excelente qualidade com 50%, 70%, 90% de desconto! Mas há um **detalhe importante**: verificar se a perspectiva da empresa não é péssima a ponto de perder todo o patrimônio dela nos 2 anos seguintes, caso em que até mesmo um preço bem baixo poderia não se recuperar.

Outro ponto importante com relação a esse tópico é perceber que a parte do lucro que as companhias não dividem entre os acionistas acaba aumentando o valor patrimonial delas. Desse modo, embora o preço das ações em média aumente pra "correção" da inflação, por causa de melhoria no desempenho econômico da empresa etc., é normal a longo prazo o preço do papel aumentar e o P/VP seguir o mesmo (já que o valor patrimonial também aumentou). Em nosso ponto de vista, essa é mais uma prova de que o P/VP pode ser usado como parâmetro para compras e vendas. Pois, noutras palavras, se o preço subir e o patrimônio não, poderá estar havendo valorização excessiva, enquanto se preço e patrimônio subirem ou caírem proporcionalmente o P/VP seguirá igual – indicando que o investidor que se guia por esse critério nada precisará fazer.

[13] Existem **páginas da área**, várias boas e gratuitas com informações necessárias para diversas análises. É só procurar na internet usando palavras-chaves. Exemplificamos:

- Carteira do Ibovespa

http://www.bmfbovespa.com.br/pt_br/produtos/indices/indices-amplos/indice-ibovespa-ibovespa-composicao-da-carteira.htm;

- Todos os ativos da Bolsa

http://www.bmfbovespa.com.br/pt_br/produtos/listados-a-vista-e-derivativos/renda-variavel/empresas-listadas.htm;

- Fundamentos, proventos, histórico de preços

www.fundamentus.com.br
www.investsite.com.br

- Notícias e análises

http://www.infomoney.com.br/;

- Livros
https://lelivros.top/book/download-livro-o-investidor-inteligente-benjamin-graham-em-epub-mobi-e-pdf/;
- Setores das companhias
http://exame.abril.com.br/mercados/cotacoes-bovespa/setores
- Informações gerais
https://br.investing.com/
www.bloomberg.com
http://www.marketwatch.com/
http://money.cnn.com/
http://www.cvm.gov.br/
https://www.bussoladoinvestidor.com.br/

- Cada companhia tem uma página na internet, dentro da qual uma parte se destina à "**relação com investidores**", disponibilizando informações fartas sobre a empresa, resultados, balanços, contabilidade, perspectivas, notícias, fatos importantes etc. Geralmente se pode **cadastrar o email do investidor, para nele se receber gratuitamente as informações selecionadas**, o que sugerimos se fazer com as empresas acompanhadas.

Como dito, algumas páginas informam gratuitamente os chamados "**fundamentos**" de cada companhia: preço unitário de cada ação, valor unitário patrimonial, histórico de valor dos proventos pagos por cada unidade, bens e dívidas da SA e demais dados necessários que mencionamos para análise de compra e manutenção ou venda de ações.

Reiteramos: o chamado **P/VP**, preço da ação dividido pelo valor patrimonial dela, é um critério objetivo bastante útil para cada compra (somado ao critério dos proventos estimados), porque fica arriscado se adquirir ações por preço superior ao do patrimônio respectivo (P/VP maior do que 1,0), já que se está pagando por algo que não é real (sem bens materiais que garantam o valor pago).

Fica **mais seguro comprar ação por preço inferior ao de patrimônio do papel** em razão da existência com folga de bens para, se necessário (ex: falência), serem vendidos e os acionistas receberem de volta o dinheiro "emprestado" para a sociedade anônima desenvolver a atividade econômica respectiva.

Em tempos de crise, algumas boas empresas que têm lucro e o dividem com regularidade ficam com o **preço das ações equivalentes a menos de 50% do valor patrimonial** respectivo, momento propício para compra. Empresas sem lucro acabam tendo esse percentual próximo a zero, aquisição que é mais arriscada (é possível não haver recuperação, nem proventos) e que pode ser mais rentável (havendo recuperação e a volta do preço para valor próximo ao patrimonial, o acionista terá mais lucro na venda ou receberá mais proventos em relação ao preço de compra).

Atente-se: o citado **P/VP está mais relacionado à provável subida de preço da ação do que o está o parâmetro dos proventos**, ambos usados em nossa técnica pra definição da qualidade da compra (boa, muito boa, excelente). Então, leia-se: o **P/VP é bastante útil pra prevermos a variação de preço, mas não ajuda tanto a prevermos os proventos. Para estes, é mais útil a análise do histórico de pagamentos e dos preços respectivos à época**. Aqui, é possível perceber que a observância desses dois parâmetros proporciona equilíbrio à técnica VZF. Em análise mais profunda, estimam-se os proventos também com base na perspectiva em detalhes da economia e da companhia.

[14] Na atual prática brasileira, as ações mais negociadas na Bolsa, cujos desempenhos formam o "**Índice Bovespa - Ibovespa**", acabam sendo bastante procuradas e por isso o **P/VP delas geralmente fica acima de 1 (100%)**, com alguns preços chegando a ser 2, 5, 10 vezes mais altos do que o valor patrimonial.

Muito embora estes preços elevados decorram de confiança na companhia e de satisfação pelo resultado econômico dela, não se pode deixar de considerar que em grande parte se trata de **especulação**, como se uma nota de 1 estivesse sendo comprada por 2, 5, 10. E são poucos formadores de opinião (bancos e corretoras) indicando a muitas pessoas a compra das mesmas empresas. Assim, se muitos investidores quiserem vender as ações deles pra comprar outras com valor real (buscando segurança e realidade), aquelas com P/VP acima de 1,0 irão cair acentuadamente.

A propósito, acreditamos em **alteração dessa cultura econômica** em futuro não distante, em razão de rentabilidade e propagação de informação, com os acionistas passando a pensar mais por conta própria e procurando companhias com P/VP abaixo de 1,0 - por segurança, menor exposição ao risco, divisão mais igualitária do capital, busca por mais proventos e menos (re)vendas, tentativa de evitar especulação.

Não obstante, se o número crescente de investidores continuar seguindo predominantemente as dicas de bancos e corretoras, o dinheiro deve se concentrar ainda mais em poucas empresas e, consequentemente, o P/VP delas deve aumentar.

Ainda a respeito de valor patrimonial, é válida uma **analogia com área mais segura e popularmente conhecida, por exemplo, a dos imóveis**: o preço do material de construção e da mão de obra é praticamente o mesmo para se construir em diferentes lugares do mesmo país, mas o preço de mercado da obra finalizada varia bastante (muito além da diferença do preço de terreno).

Desse modo, por mais que uma obra com custo de 100 seja sucessivamente negociada por 500, de repente quem adquiriria o imóvel apenas para revendê-lo por mais, sem interesse exclusivamente naquele bem (**caso do acionista que procura remuneração boa e segura pelo seu capital, independentemente da empresa**), passe a achar que seja mais seguro e rentável investir em construções semelhantes e que estejam com preço de mercado mais próximo ao do custo (terreno, material, mão de obra), fazendo com que quem comprou por 500 consiga revender apenas por muito menos.

Por este prisma, pensamos que o desenvolvimento da atividade econômica será no sentido de haver mais igualdade e distribuição do capital, consequentemente levando o preço do m² construído a ficar mais próximo do custo atualizado dele e o **preço unitário da ação ficar menos distante do valor patrimonial dela**, mesmo que considerados aluguéis e proventos respectivos, entre outros fatores do mercado.

15 "**Boas**" são as compras de ações que provavelmente paguem proventos equivalentes a pelo menos o desempenho de aplicação em renda fixa (ex: Taxa Selic ou 12% ao ano sobre o preço pago) ou que por razão sólida em 2 anos tendam a ter o preço delas aumentado o equivalente a 3 vezes a inflação oficial ou a renda fixa ou a Taxa Selic (ex: 42% em 2 anos, se a inflação oficial for de 7% ao ano). Por esse prisma, são "**muito boas**" as aquisições de papéis com proventos estimados no dobro da renda fixa etc. (ex: 24% ao ano) ou com tendência de subida de preço correspondente a 6 vezes a inflação oficial etc. (ex: 84% em 2 anos, se a inflação oficial for de 7% ao ano). E "**excelentes**" são aquelas compras com perspectivas de proventos do triplo da renda fixa etc. (ex: 36% ao ano) ou de valorização equiparada a 9 vezes a inflação oficial etc. (ex: 126% em 2 anos, se a inflação for de 7% ao ano).

Nessa lógica, geralmente os preços das compras boas, muito boas e excelentes estarão **separados por aproximadamente 30% sobre o valor da primeira aquisição** (ex: compras a R$ 6, a R$ 4 e a R$ 2).

A **Técnica VZF tem se revelado uma fórmula que produz resultado bom**, se for aplicada de modo objetivo; **muito bom**, se flexibilizada de acordo com as condições econômicas do país e do setor; **e excelente**, se aplicada com constante observância da situação do país, do setor, da companhia e das empresas concorrentes. Pois com isso se aumenta bastante a probabilidade de se alocar o capital no momento certo na empresa que terá melhor desempenho.

Escrevemos que a compra boa, a muito boa e a excelente assim ficam pelos proventos "ou" pela valorização. Então, é lógico que **quando tanto os proventos quanto a valorização indicam a aquisição, esta fica ainda mais atrativa e menos arriscada**. Noutras palavras, a presença não de apenas um e sim de ambos os parâmetros reforça a segurança e a probabilidade de êxito. Na prática, surgindo pequena dúvida sobre comprar ou não, recomendamos a aquisição quando a análise fizer se presumir que esses dois critérios se confirmarão.

Antes da compra "boa", às vezes é útil se adquirir 1 ou 2% do dinheiro das ações em algumas "**quase boas**" que se quer acompanhar mais de perto. Pois comprando papéis de uma empresa a gente acompanha ela melhor. Além disso, na prática, quando no geral há alta excessiva no mercado, várias vezes o papel não chega a cair mais a ponto de se enquadrar como aquisição "boa" pela técnica proposta; pelo contrário, sobe bastante e no fim das contas a aquisição "quase boa" se revela a única concretizada, com lucro excelente.

Isto é: **depois de se ter experiência, conhecimento e tempo semanal pra acompanhar o mercado financeiro, a compra "quase boa"**, com 2% do dinheiro total das ações, fica viável, rentável, útil e com risco ainda válido e controlado. Para tanto, recomendamos que o total das "quase boas" não ultrapasse 20% de todo o dinheiro das ações, caso em que assumiria a função das "boas" (noutra observação recomendamos "boas" com aproximadamente 1/3 do total).

Sobre o período de **2 anos** acima mencionado, consideramos assim para termos 1 ano de folga dentro dos 3 anos nos quais não se pretendia usar o dinheiro investido (critério inicialmente sugerido para definição da quantia total a ser aplicada em ações). É mais um mecanismo de segurança.

Se avaliarmos que essa tendência vá se confirmar, **fica baixo o risco** de não alcançarmos o nosso objetivo de rendimento líquido equivalente ao triplo da inflação oficial – que evidentemente exige da empresa desempenho menor do que a média buscada com nossos mencionados critérios (valorização equivalente a 3, 6 ou 9 vezes a inflação oficial), ainda mais que os proventos podem se somar ao aumento de preço.

Mas claro que esses **conceitos são subjetivos e dependem dos desempenhos econômicos**, de modo que, por exemplo, num período de queda rápida e acentuada, pode-se comprar por "boa" uma ação com proventos estimados acima do desempenho que teria a renda fixa sobre o preço pago ou provável valorização superior ao triplo da inflação oficial nos 2 anos seguintes, posteriormente havendo até mesmo mais queda e com isso tornando as compras "muito boas" e "excelentes" ainda mais vantajosas. Isto é: às vezes os preços caem tanto que permitem ao investidor fazer aquisições muito boas ou excelentes e "pular" as boas. Ainda mais quando o cenário sócio-político e econômico apontar alta probabilidade de queda acentuada na bolsa.

No Brasil há várias crises (reais; ou artificialmente criadas por uns, passando a ser reais para outros) que fazem os preços da maioria das ações oscilarem bastante, bem como existem ótimas empresas com preço da ação ainda abaixo do valor patrimonial respectivo. Por isso, pensamos que **em regra o preço "bom" de compra fica em torno de 60% do valor patrimonial (P/VP de 0,6) da ação, o muito bom próximo a 40% (P/VP de 0,4) e o excelente perto de 20% (P/VP de 0,2).**

Neste ponto, já que as chamadas "**empresas públicas**" (tecnicamente, sociedades de economia mista) tendem a ser menos valorizadas pelo mercado (sob a alegação de contratação de funcionários por razão partidária e não técnica, entre outras), os percentuais antes mencionados podem ser 10% menores, isto é, 50%, 30%, 10%.

Como essas empresas desenvolvem uma atividade econômica muito importante (ex: Petrobras no setor de combustível, Banco do Brasil no financeiro, Eletrobras no elétrico), acabam protegidas pelo cofre público, na nossa opinião sendo **segura e rentável a sua compra em baixa**, ainda mais quando um grupo partidário com conhecida política de geração e divisão de proventos tenha provável ascensão ao poder.

Ainda sobre a **subjetividade de P/VP**, é importante considerar que se o **setor é mais seguro, estável e rentável** (ex: plantação de eucalipto e produção de celulose, com terra e madeira naturalmente protegidas e preço não tão variável; rodovia com pedágio por décadas; bancos; transmissão de energia com contratos longos) o P/VP de aquisição boa pode ser 0,7 e não o citado médio de 0,6.

Já se o **setor é menos estável** (ex: vestuário com roupas que podem sair de moda; eletrônicos que podem ser superados rapidamente; exportação sujeita à constante variação de câmbio) o P/VP de compra boa pode ser 0,5 e não o citado médio de 0,6 etc.

Após ser definido um valor de P/VP geral, específico de um setor ou de uma companhia, cada compra e venda determinada pode ter o **preço dela definido a partir de um P/VP em dado momento**: além da regra prévia (ex: P/VP bom de 0,6 pra compra e 1,0 pra venda), é possível flexibilizá-la para mais ou menos conforme circunstâncias específicas, inclusive compensando-se as favoráveis e as contrárias que se equipararem em peso de importância.

Digamos: é boa a compra da empresa X com P/VP de 0,6 e proventos estimados em 12% ao ano sobre o preço pago. O mercado de modo geral está caindo bastante e essa compra poderia ser feita com P/VP de 0,5, mas a empresa acaba de anunciar que passará a dividir 50% dos lucros e não mais apenas 25% como estava fazendo, razão pela qual, mesmo diante da queda geral, o P/VP de 0,6 se confirma como adequado para a compra boa.

Ou então: é boa a venda da empresa X com P/VP de 1,0, realizando-se lucro bom diante da compra anterior dela com P/VP de 0,6. O mercado de modo geral está subindo bastante e a venda poderia ser feita com P/VP de 1,1. Além disso, a companhia acaba de anunciar a redução significativa da dívida dela, tornando viável a alienação com P/VP de 1,2. Mas o governo acaba de comunicar uma nova política para o setor da SA, um pouco prejudicial à empresa, razão pela qual a venda boa fica mesmo com P/VP de 1,1.

Quanto mais essa mesma subjetividade for analisada de forma **comparada em relação a proventos e demais pontos fundamentais** de uma sociedade anônima, mais segura e consciente estará a compra ou a venda. **Quanto mais se investir numa companhia, melhor se deve conhecê-la**, pra que o risco do investimento não se torne excessivo.

Atente-se para que **nem sempre será boa a aquisição simplesmente porque o P/VP está baixo (ex: 0,2), nem tampouco sempre será má a aquisição porque o P/VP está alto (ex: 0,80)**. É preciso confirmar essa regra através de outras análises, como a do histórico de preços (é arriscado se comprar em alta histórica), a dos ativos (total de bens), a da dívida líquida (dívida alta é risco alto), a do patrimônio líquido, a dos proventos passados (com base no histórico de pagamentos), a dos estimados nos anos próximos (diante da situação atual da companhia, do setor, da economia).

Ao comprar uma ação, **um dos cuidados é para a dívida líquida não estar alta nem tampouco acima do patrimônio líquido**, mesmo que o resultado econômico esteja sendo de lucro líquido, salvo se houver perspectiva sólida de este se manter alto a ponto de pagar a dívida alta. Pois é comum empresas "da moda" serem vendidas a preço alto, inclusive acima do valor patrimonial delas, embora a dívida líquida seja alta ou mesmo maior do que o patrimônio líquido respectivo e o lucro líquido obtido seja insuficiente pra diminuir a dívida. Ex: BRFS3 e CSNA3 em 10-05-17.

Ou seja, como exceção à regra sugerida, pode haver compra excelente de ativo com P/VP acima de 1,0. Mas é um **risco alto**, que sugerimos ser assumido apenas por investidores experientes. Nestes escritos, mais úteis pra quem pouco ou nada conhece da área, conduzimos o raciocínio do leitor para alternativas seguras e rentáveis, colaborando para que depois cada um se sinta experiente e confiante para negociar conforme lhe pareça melhor.

Assim, lendo-se o mercado financeiro, **para uma compra vantajosa se recomenda** a (i) análise do dito P/VP, (ii) dos proventos passados e dos estimados no futuro com base na situação concreta atual, (iii) dos bens (ativos, em quantidade e natureza), (iv) da proporção da dívida líquida sobre o patrimônio líquido, (v) do lucro por ação dividido, do reinvestido na empresa e do necessário pra pagar eventual dívida, (vi) da provável valorização (histórico de preço, situação financeira da empresa, vantagens duradouras diante dos concorrentes ou existência de concorrente com preço melhor), (vii) da possível desvalorização (ex: setor de construção apresenta mais risco do que o financeiro e o elétrico, que recebem com regularidade mensal dos clientes), (viii) do provável desempenho individual e do coletivo das empresas do setor e da média do país, sem ficar totalmente desinformado acerca da política e da economia global, (ix) do equilíbrio desses números nos últimos 5 a 10 anos, (x) da qualificação e da confiabilidade dos administradores da companhia, inclusive através de notícias sobre a empresa, a administração, o setor, a economia nacional e a internacional.

A **comparação** desses dados relativos a empresas diversas certamente ajuda a definir as melhores oportunidades ao **perfil de cada pessoa (objetivo, tempo, conhecimento, capital, flexibilidade financeira)**. E não nos parece demais alertar: **quando ao longo do tempo (dias, semanas, meses) fazemos raciocínios sobre os mesmos assuntos, conclusões iguais evidenciam a nossa convicção e as diversas atestam a**

nossa confusão. Então, é útil refazermos várias vezes as nossas análises de possíveis compras e vendas, percebendo-se se acerca dela estamos convictos ou confusos.

Como se vê, o investimento em detalhes exige conhecimento multidisciplinar: Direito, Economia, Contabilidade, Inglês, História, Sociologia, Matemática, Administração, Psicologia, entre ouras áreas. E isso faz com que a análise própria fique inviável à maioria das pessoas. Neste ponto, **a nossa técnica parece ter a vantagem de simplificar muito essas análises e proporcionar que pessoas sem conhecimento de tais áreas invistam usando um parâmetro seguro e equilibrado** definido a partir do estudo de todas essas matérias.

Por tais razões, pensamos no **P/VP como sendo um "raio x" da empresa**, já que ele acaba resumindo boa parte dos fundamentos e assim simplificando a análise do investidor. Observado juntamente com o P/L (preço pago dividido pelo lucro e ainda melhor se o for pelos proventos estimados), possibilita que uma análise rápida e simples torne segura e eficaz uma aquisição.

Além disso, adquirir um ativo usando até 5% do dinheiro pra ações, fazendo mais duas compras quando o preço cair mais, acabam sendo também "**3 chances" para acertar o preço de compra**, que fica mais segura, passando a valer o preço médio das aquisições, o qual não obsta vendas separadas pela valorização em relação a cada compra.

[16] O **número exato de ações a serem adquiridas** em determinado momento depende do método aplicado e também do valor disponível para a compra. Assim, o método pode indicar aquisição de certo papel com 15% do dinheiro total para ações, mas apenas 5% estão em caixa para tanto; ou pode-se ter em caixa 50% do dinheiro necessário, mas o método recomenda a compra de apenas 5% etc.

Então, na hora de cada aquisição ou alienação, o investidor precisa fazer os ajustes necessários à situação real dele. **Na dúvida**, para diminuir o risco de perda, é recomendável optar pela alternativa mais segura: comprar menos, por preço menor, ou vender mais, antes, com margem de lucro menor.

¹⁷ **Quanto menos se conhece o mercado financeiro ou determinada empresa, menos se aconselha arriscar.** Por exemplo, com os critérios sugeridos pela Técnica VZF, podem-se fazer apenas as compras "muito boas", ou, com ainda menos risco, apenas as avaliadas como "excelentes". Também por segurança, pode-se investir um percentual menor do dinheiro que não se pretenda usar no período mínimo dos 3 anos seguintes.

¹⁸ As **regras 3.1, 3.2 e 3.3** apresentam segurança, de modo que a compra estará segura, duplamente ou triplamente segura, conforme em cada aquisição estiverem presentes as situações dessas 3 normas. Mas é óbvio que nunca se pode deixar de considerar que toda essa teoria trata de probabilidade e não de certeza.

Também acerca dessa exceção (compra de um só papel com 15% a 33% do dinheiro total das ações), vale se destacar que ótimas oportunidades proporcionam confiança para o valor de cada **aquisição ser superior aos sugeridos 5%**. Por exemplo, usando-se 20% do dinheiro total numa só investida. Aliás, há casos em que o investidor tem tanto conhecimento e confiança que fica convicto de que ganhará mais com concentração do que com diversificação da sua carteira, de modo que, por exemplo, investe tudo em 3 e não em 10 papéis. Essa conduta é frequente em investidores chamados "ativos", "agressivos".

Entretanto, reiteramos a **necessidade de cautela**. Critérios técnicos para aquisição e alienação frequentemente não se confirmam na prática, principalmente por duas razões: necessidade de se estimar fatores futuros, os quais são naturalmente incertos; número elevado de aquisições e alienações alheias sem critérios técnicos, como emoção, necessidade de venda para uso do dinheiro das ações. Por isso, investir de forma "ativa" eleva muito o risco de não se alcançar a meta do investimento e até os analistas mais qualificados precisam considerar as possíveis variações tecnicamente injustificáveis.

Como se já não bastasse, nesse tópico de cautela enfatizamos que comprar companhias que pagam altos proventos é uma boa tática, desde que a situação financeira da empresa seja saudável e sustentável. Por exemplo, Oi e Eternit durante anos pagavam ótimos proventos, mas em 2017 aquela beira falência e esta por ter tido prejuízo contínuo nada mais tem pagado. Então, é preciso verificar se os bons proventos não decorrem de lucro não recorrente (venda de ativos, ganho em ação judicial ou outro fator que não se repetirá), se não prejudicam o desenvolvimento da empresa por não restar dinheiro pra custear uma melhoria necessária na estrutura, se geram prejuízo pra companhia etc.

[19] A regra **4.3** objetiva evitar "ruínas", "apostas", riscos altos. Se não fosse essa norma, a teoria permitiria o uso de 100% do "dinheiro das ações" para compra de empresas com alto risco de não recuperação ou mesmo de irem à falência.

Sobre *blue chips*, são os papéis mais negociados na bolsa. Possivelmente, no Brasil, em 2017, a maioria das pessoas considere esses "papéis azuis" como os 20 mais negociados a cada ano, grupo que pouco se altera. Uma rápida pesquisa na internet leva à lista das mais compradas e vendidas.

[20] Empresas que se enquadram no item **3.3** não ficam limitadas ao 1/3 máximo do item **4.3** se estiverem rendendo proventos acima do que o faria a renda fixa sobre o preço de compra. Esse limite garante pelo menos 2/3 do capital aplicados em *blue chips* ou em empresas que paguem proventos acima do que se obteria com aplicação em renda fixa. Isso somado à provável e futura valorização que motivou a aquisição tornam satisfatória a compra e a manutenção do ativo, desde que respeitada a regra de segurança dos itens **4.1** e

4.2.

[21] **O risco das ações pode ser por problema interno** (de uma empresa ou de um setor) **ou externo** (crise econômica, política, social). Por isso, comprar umas 10 ações diferentes de pelo menos 3 setores distintos reduz a exposição ao risco interno; adquirir papéis de mais de 10 empresas aumenta a exposição ao risco interno, caso não se tenha tempo pra acompanhar todas essas SAs, sendo naturalmente mais arriscado comprar e/ou manter o que pouco se conhece.

Já o risco externo acaba sendo reduzido pela nossa sugestão de se investir em ações o dinheiro que não se precisará usar nos 3 anos seguintes, tempo historicamente suficiente para as crises serem superadas a ponto de "boas" aquisições de papéis terem os preços delas recuperados.

Além disso, o nosso objetivo de obter rendimento líquido equivalente ao triplo da inflação oficial é alcançável mesmo diante de fortes problemas externos às sociedades anônimas, se num período de 3 anos for considerada a média de rendimento anual de todas as ações adquiridas (carteira) – especialmente quando somados os proventos com as valorizações dos papéis.

A sugestão de aquisição de aproximadamente 10 ativos também tem o efeito de significar **segurança diante de possíveis fraudes contábeis**, as quais possam fazer o acionista comprar achando que a situação da companhia seja melhor do que a real.

Por exemplo, já existiram casos de venda de patrimônio pra ser dividido como lucro e, com este subindo, o preço da ação subiu muito, permitindo aos administradores e seus comparsas venderem ações por preço altíssimo. Essas mesmas pessoas inescrupulosas recompraram as mesmas ações em futuro próximo, por preço igual ou mesmo inferior ao anterior, já que após as vendas em alta não se vendeu mais patrimônio, consequentemente não havendo mais tanto lucro a dividir e em razão disso tendo o preço da ação caído ao patamar anterior. Criaram alta a baixa artificial, lucraram muito com isso, causando prejuízo alheio.

Outro exemplo de fraude contábil que já ocorreu foi considerar gastos em coisas passageiras como se fossem um aumento nos bens permanentes da companhia. Isso aumentou artificialmente o patrimônio líquido e, consequentemente, o preço da ação. Pode até ser uma forma de esconder prejuízo. E claro que existem tantas outras fraudes que sequer imaginamos, apesar de teoricamente existir fiscalização rígida dessas irregularidades.

A propósito, por transparência e simplificação contábil, as quais fariam mais gente se sentir segura e esclarecida para investir em ações, registramos aqui a **sugestão de elaboração de lei que exija uma padronização na divulgação contábil de todas as sociedades anônimas cujas ações são negociadas em bolsa de valores (forma, datas, dados, termos etc.).**

Desse modo, como sugerimos se analisarem dados contábeis de empresas (fundamentos) e como nunca podemos descartar fraude contábil ou mesmo um erro em nossa análise diante de números verdadeiros publicados pela companhia, também por isso pensamos ser recomendável a diversificação da carteira em pelo menos 10 empresas de no mínimo 3 setores diferentes.

[22] Para essas "**pessoas sem tempo pra acompanhar o mercado de ações**" (mas com um pouco de conhecimento sobre ele), uma estratégia segura é adquirir papéis por preço abaixo daquele do valor patrimonial respectivo (observados os limites da técnica por nós sugerida) e vendê-los quando houver valorização excessiva em pouco tempo ou o preço da ação ultrapassar o do valor patrimonial. Comprar papéis e mantê-los quando ultrapassarem o valor patrimonial significa mais risco e mais necessidade de conhecimento do mercado financeiro.

[23] Estamos focando esse texto mais acerca do investimento em ações significar **legítima defesa econômica individual**. Mas é importante perceber que igualmente se trata de **legítima defesa social**, já que se todos assim agirem passarão a proteger a sociedade de especulação, de exploração, de abusos, construindo um país mais voltado para a produção de bens e serviços a fim de atender à melhor qualidade de vida de todas as pessoas.

A contrário senso, por mais que não se queira prejudicar outros cidadãos, aplicar exclusivamente em renda fixa por longo prazo acaba sendo colaborar com especulação, exploração e abusos, já que se dá armas pra quem assim age.

Popularmente, no Brasil investimento em ações é visto como algo muito arriscado. E **claro que existe risco de se perder**, caso a carteira (total de papéis comprados por alguém) não gere proventos superiores ao ganho da renda fixa ou caso se precise vender as ações antes que elas recuperem o preço da aquisição atualizado com o desempenho da renda fixa.

Mas é preciso se considerar que desde o início sabemos que a renda fixa será perda fixa de poder aquisitivo, bem como que **imóveis também podem se desvalorizar e vão se deteriorar**, além de que ações abaixo do valor patrimonial delas (como dito, felizmente, maioria das brasileiras até hoje) apresentam risco bastante reduzido.

Além do mais, **analistas costumam recomendar que se aplique em ações de 20% a 80% do dinheiro que alguém tenha disponível para investimentos**. Quanto maior for esse percentual, em curto e médio prazo de fato será mais variável e arriscada essa destinação do dinheiro (já que ações oscilam positivamente ou negativamente mais do que outras aplicações, como renda fixa e imóveis).

E, de fato, **não conhecemos razão para cada pessoa que almeja ganho real de poder aquisitivo não investir em ações no mínimo 20% do dinheiro que não pretende usar nos 3 anos seguintes.** Desde que estude a área pra fazê-lo por conta própria ou ao menos para entender a sugestão recebida de um terceiro comprovadamente conhecedor do mercado financeiro.

Então, **no fim das contas**, pra quem investe algumas horas aprendendo sobre ações (ou segue quem entenda), **comprá-las acaba sendo a longo prazo o investimento menos arriscado e mais rentável** - por mais improvável que à primeira vista isso possa parecer. Logicamente, os bancos jamais vão afirmar isso, muito menos fazer publicidade nesse sentido, uma vez que lucram fortunas usando o dinheiro de quem aplica em renda fixa.

[24] Neste ponto, registramos nossa curiosidade de perguntar aos mais ricos como eles veem grandes fortunas sendo destinadas à filantropia, a exemplo da atitude de Warren Buffet: para o desenvolvimento da humanidade, é mais benéfica essa doação ou o seguimento da aplicação em empresas para a geração de renda, emprego etc.?

[25] Obviamente, como dito, existem **outras técnicas para se investir em ações**, construídas a partir de alguns critérios que a seguir mencionamos (próprios ou de terceiros, por nós já observados ou inclusive experimentados).

Primeiro: há pessoas que preferem **adquirir empresas já bem valorizadas** pelo mercado (as quais acabam tendo P/VP alto, acima de 1,0), pois isso seria prova de que a companhia é mesmo boa e demandada pelos investidores.

Segundo: outras pessoas **não compram ações de empresas que pagam bons dividendos**, já que a não divisão do lucro faria com que a própria sociedade anônima reinvestisse esse dinheiro na sua atividade econômica rentável, com isso obtendo mais lucro e aumentando o patrimônio dela, consequentemente fazendo o preço dessa ação subir e permitindo ao acionista ganhar mais do que se tivesse recebido a sua parte do lucro da empresa.

Terceiro: há quem siga ordens de compra e venda sugeridas por "**robôs investidores**", que são programas de computador, os quais calculam fatores variados para identificar bons negócios a partir de um critério estabelecido pelo usuário;

Quarto: existe o ponto de vista de fazer **média do preço dos últimos 5 ou 10 anos** e não adquirir acima disso; identificar a **média dos proventos dos últimos 5 anos** para prever o futuro e definir o negócio. Ou então regularmente (ex: uma vez por ano) trocar as ações atuais por outras que atendam mais à determinada combinação de critérios, com isso realizando o lucro das compradas e passando a **se expor a papel de maior probabilidade de valorização diante das mudanças desde o negócio anterior**.

Quinto: **fixação de limite mínimo e máximo para cada ação comprada**. Temos a impressão de que a maioria das pessoas fixa os seguintes limites para prejuízo: 5% em aquisição feita para curto prazo (dias), 30% para as de médio prazo (meses), 50% para as de longo prazo (anos).

Pessoalmente, com a técnica VZF, **não limitamos o mínimo**, o prejuízo (não usamos *stop loss*) e, pelo contrário, adquirimos mais ações quanto mais cai a cotação do papel (dentro dos limites da referida técnica), depois recebendo proventos e esperando a recuperação da companhia. Por isso, **ao contrário da maioria, quando a bolsa cai nos sentimos tranquilos e empolgados pelas novas oportunidades**.

Essa nossa prática pessoal de não usarmos *Stop Loss*, além de estratégia pra não assumirmos prejuízo, decorre também do nosso ponto de vista político, no sentido de sermos investidores na Companhia, estendendo uma parceria para bons e maus momentos. Não temos a intenção tão somente de multiplicação de capital, o que poderia nos levar a querer investir apenas nos bons momentos, como parece ocorrer com a maioria das pessoas.

Mas limitamos o máximo, vendendo a ação que analisamos ter se valorizado excessivamente ou ter perspectiva de queda excessiva, especialmente se o preço da ação estiver mais alto do que o do patrimônio dela. Ainda, procuramos recomprar ações das mesmas empresas quando uma outra boa oportunidade surgir, o que acaba sendo lógico, em razão da provável permanência a longo prazo da identidade de perfil entre acionista e companhia. Não obstante, **os limites mínimo e máximo para venda da ação adquirida devem ser fixados por cada investidor**, após a definição do objetivo e da técnica própria.

Sexto: análise por um grupo de critérios ainda não expressamente mencionados neste livro, como pelo chamado **Método DCF** (Fluxo de Caixa Descontado); através do **Modelo de Desconto de Dividendos (DDM)**; por meio do **P/L** (Preço dividido por Lucro); a partir do **ROIC** (Retorno sobre o capital investido: lucro líquido operacional dividido pelo capital total investido, próprio e de terceiros); ponderando o **ROE** (Retorno sobre o patrimônio líquido: lucro líquido dividido pelo próprio patrimônio líquido); com base na relação **Dívida Líquida/EBITDA** (dívida líquida dividida por lucro antes dos juros, impostos, depreciação e amortização); observando o **EBIT** (lucro antes dos juros e tributos e depois de depreciação e amortização); considerando a **DL/PL** (dívida líquida dividida pelo patrimônio líquido); levando em conta se os **administradores estão pessoalmente comprando ou vendendo mais** ações da empresa que conhecem e gerenciam.

Sétimo: sob um ponto de vista simples, a partir da Técnica VZF ou outra semelhante, seria razoável se chegar também a novo filtro para operações ao se considerar uma possível demora de meses ou anos para surgirem oportunidades definidas de acordo com as regras antes estabelecidas por cada investidor. Nessa espera, talvez inclusive **na maior parte do tempo, seria usado um "fundo caixa" rendendo sem possível variação negativa e com imediata liquidez, aguardando-se as oportunidades surgirem**.

O critério que usamos para investir através da Técnica VZF é o de usar em ações 100% do dinheiro disponível para investimentos gerais nos 3 anos seguintes. Não obstante, ao leitor a fim de evitar mais regras e detalhes, esta quem sabe seja a melhor forma de proceder de modo semelhante ao nosso: **aplicar todo o dinheiro em fundos de renda fixa ou variável (fundos caixa) sem oscilação mensal negativa, usando todo ele para ações quando forem identificadas oportunidades** (boas, muito boas e excelentes) na bolsa de valores, bem como recolocando-se nos fundos caixa todo o dinheiro proveniente das ações que forem vendidas, alugadas ou gerarem proventos.

Essas poucas palavras descrevem uma prática próxima da lógica de uma teoria cujas regras e detalhes demandam muito mais tempo para se chegar a tal conclusão.

Oitavo: **comprar a curto e a médio só aquilo que também pareça bom a longo prazo**. Daí, se a aquisição a curto prazo não se confirma como bom negócio, ainda se tem chance tripla de efetuar boa venda em período médio e longo. **Mas pra comprar a médio e a longo prazo não necessariamente a aquisição precisa parecer boa a curto prazo** (evitando-se o risco de o preço não cair em breve e assim se ficar de fora de bons negócios).

Isso se faz tanto com empresas diferentes quanto com número de ações da mesma empresa. Aliás, atualmente no Brasil, com a isenção de IR sobre vendas mensais de até R$ 20 mil reais, quem através da Técnica VZF investe até R$ 500 mil no total conseguiria vender R$ 20 mil com R$ 10 mil líquidos de lucro quase todo mês, o que em si são 2% ao mês de ganho sobre o capital total. Ou seja, **critério válido pelo menos aos pequenos investidores**.

Nono: ao se focar mais em proventos, investir numa empresa de modo que o **percentual do capital total destinado às compras dela correspondam aproximadamente ao percentual total de proventos estimados sobre o preço pago**. Por exemplo, destinar 12% do capital total das ações para empresa que no futuro provavelmente pague 12% de proventos sobre o preço pago. Ou 7% do capital se os proventos futuros da empresa respectiva forem estimados em 7% do preço de compra (caso em que esta deve ter ocorrido mais pela provável valorização da ação e não pelos proventos estimados).

Décimo: outra técnica é bastante interessante, mas está ao alcance apenas de quem detém profundo conhecimento técnico em uma área. Trata-se de **identificar pequenas empresas com "ótimas ideias"**, as quais, quando concretizadas, valorizarão acentuadamente as ações da sociedade anônima.

Um exemplo que exige conhecimento técnico profundo da principal atividade desenvolvida é um médico identificar pesquisa científica relevante para a descoberta de uma vacina ou a produção de um remédio, adquirir ações da empresa respectiva e, depois, com o produto posto em mercado rendendo muito, receber proventos elevados ou poder vender o papel por preço muito mais alto. Por essa razão, há quem se dedique a pesquisar "pequenas empresas e grandes negócios", ganhando muito a longo prazo.

Dessa técnica, pelo menos uma lição pode ser tirada para todas as demais: mesmo sem ter profundo conhecimento técnico do negócio (ex: engenheiro civil adquirir ações de construtora), **é sempre bem útil buscarmos saber se a companhia tem vantagem duradoura sobre os concorrentes dela**. Afinal, é isso que fará as ações respectivas subirem mais ou caírem menos do que as outras do setor.

Por exemplo: em regra, empresa que cresce com dinheiro próprio ou para tanto não pega empréstimo que compromete mais de 30% do próprio lucro líquido tem vantagem administrativa duradoura (segurança e lucro sustentável) em relação à concorrente que para crescer pega empréstimo cujo pagamento exige destinação de 80% do lucro.

Outras vantagens duradouras facilmente identificáveis por leigos podem ser: monopólio (ex: extração de petróleo em determinada área); exclusividade (ex: produto/serviço bem sucedido e que assim seguirá ou concessão de rodovia etc. por prazo longo); produtos e serviços de consumo contínuo e necessário na vida moderna (ex:

alimentos, energia elétrica, água, internet, segurança, remédios, educação, serviço bancário...), ainda mais se o pagamento for de prazo mensal.

Também por isso sentimos que entre o extremo de estudarmos profundamente uma área pra investirmos em SA dela com a expectativa de supervalorização da companhia e o outro extremo de investirmos em empresa subvalorizada, **há um equilíbrio simples, seguro e eficaz para se comprar:** entre as companhias da bolsa, identificarmos dezenas de empresas com o nosso perfil e investirmos em umas 10 delas com lucro, dívida líquida abaixo do patrimônio líquido, P/VP menor de 1,0, pagamento de proventos anuais estimados acima do que obteríamos com renda fixa, probabilidade de alta valorização e preferencialmente com alguma vantagem duradoura sobre os concorrentes.

A propósito, a adoção dessas técnicas pode se dar conforme o objetivo de cada pessoa. **Ao começar a se investir em ações, é interessante se definir uma meta e um método de investimento para alcançá-lo.** Se o objetivo for obter rentabilidade superior à da renda fixa, com segurança e pouco tempo dedicado à área, a técnica VZF deve ser um bom caminho. Se a intenção for alcançar rentabilidade maior e, consequentemente, assumir risco mais alto e dedicar mais tempo a tais negócios, serão necessárias adaptações dessa técnica à vontade do investidor – ou o uso de outra.

Mas **não há segredo, nem muita dificuldade**. Como dito, ao iniciante, após definir um critério próprio para investir, a análise através dele terá como resultado a identificação das companhias em que se quer alocar o dinheiro e daquelas cujas ações não se quer comprar. Como as empresas, os fundamentos respectivos, o histórico delas e as administrações pertinentes são bastante diferentes, é lógico que a ampla maioria das companhias (centenas) não será atrativa aos acionistas, que escolherão acompanhar um pequeno número de sociedades anônimas (dezenas), adquirindo as ações mais vantajosas entre as acompanhadas (na maioria das vezes, entre 3 e 15 papéis).

No Brasil, conforme em 2017 vemos em buscas rápidas na internet, aproximadamente apenas **0,5% da população investe em ações**. Nos EUA, na Europa e em muitos países ditos "desenvolvidos", mais de 60% dos cidadãos são investidores em sociedades anônimas de capital aberto e não existe poupança – investimento preferido dos brasileiros, a nosso ver, como dito inicialmente, por uma vontade viciada gerada por farta publicidade enganosa dos bancos.

Desse modo, feliz ou infelizmente, a maioria no Brasil talvez tenha o objetivo de "tão somente" obter rendimento superior à inflação oficial (através de poupança e de CDBs) numa média de décadas, criando-se uma "**aposentadoria**" sem dedicar tempo e estudo à remuneração pelo capital (mesmo que curiosamente se dedique tempo ao trabalho menos rentável).

Aos que assim pensam, vale muito a pena analisar a ideia de se **aposentar através da bolsa.** Acreditamos que ao longo das décadas de trabalho basta ao investidor ter uma noção mínima do mercado financeiro (pelo menos pra entender as dicas de analistas) e a partir daí se inteirar da bolsa durante 1 hora mensal para comprar quando se sentir seguro acerca de uma oportunidade ser "excelente". Ou então analisar a área por algumas horas quando pela imprensa ou outro meio tiver notícia de que "a Bolsa caiu, há crise".

Se for feita uma compra boa, não há razão para se preocupar e a pretendida aposentadoria virá naturalmente, com a companhia ao longo do tempo pagando proventos e se valorizando. Até se fazer a compra, pode-se aplicar em renda fixa que permita resgate imediato.

Um alerta: seguidamente haverá a tentação de se aplicar todo o dinheiro em uma só companhia, por se estar convicto de que será um ótimo negócio. E de fato o pode ser. Mas é muito alto o risco de se perder bastante (caso se venda abaixo do preço da aquisição) ou de se ter que esperar anos pela recuperação do preço.

Então, parece-nos cautela mínima a aquisição sempre de pelo menos 3 papéis, cada qual de setor diferente. A nossa recomendação de aquisição de aproximadamente 10 ativos, com em torno de 5% do dinheiro cada vez, dentro dos demais limites da técnica proposta, proporciona bastante segurança para a natureza de investimentos na bolsa.

Procure equilibrar-se emocionalmente, evitando euforia e depressão, efetuando análises puramente racionais. No fim das contas, é bem mais vantajoso ter ganho real constante do que "arriscar muito e perder quase tudo". A própria tranquilidade por se ter investimento seguro, em si, já proporciona mais qualidade de vida ao investidor.

Em tempo: **a técnica VZF está em constante aprimoramento e deve ser adaptada por quem a usa.** Como se pôde ver, as ideias e exemplos são mais voltados ao P/VP máximo de 1,0. Mas, como a essência da bolsa de valores é a mesma em todos os lugares, a técnica também pode ser perfeitamente usada para casos com P/VP médio bem menor ou bem maior do que 1,0, como tem ocorrido em países diversos do Brasil. Basta que os conceitos de bom, muito bom e excelente sejam adequados àquela realidade - para o que se sugere análise de dados de um período longo, como 10 anos, bem como que se altere o objetivo da técnica, caso não exista inflação, passando-se a visar ganho não equivalente ao triplo da inflação oficial etc. e sim no dobro do desempenho da renda fixa etc.

Noutras palavras, o P/VP e a probabilidade de valorização sugeridos são com base na realidade brasileira atual. Em países ditos desenvolvidos, há muitas ações com preço bem acima do valor do patrimônio líquido respectivo e, caso o Brasil se desenvolva nesse sentido (mais qualificação política, mais desenvolvimento econômico, menos desigualdade social, mais do que 0,5% da população investindo em ações etc.) será **preciso se adaptar os referidos parâmetros** para se definir as compras **boas, muito boas, excelentes**.

Da mesma forma, a técnica aborda mais o ato de comprar. **Vender é mais simples**, muito embora depois de feitas boas compras de ações seja natural pra muitos surgir a dúvida de manter ou de quando vender.

Uma tática breve, objetiva e eficaz nesse sentido é a de em regra manter as ações enquanto estiverem pagando proventos equivalentes a pelo menos o desempenho que o valor da compra teria se aplicado em renda fixa, também em regra vendendo os papéis quando o preço deles superar o valor patrimonial respectivo ou outro definido pelo investidor.

A partir do que na Técnica VZF indicamos, como a aquisição foi feita com dinheiro que não se pretendia usar nos 3 anos seguintes, a venda muito provavelmente não ocorrerá por necessidade de se usar diferentemente esse capital – o que tenderia a gerar prejuízo.

Então, **em regra, sugerimos o seguinte:** I) não venda com prejuízo, pois se a compra foi boa é "apenas" questão de tempo para o preço voltar a subir; II) venda quando a ação estiver com o preço dela excessivamente acima do que realmente valha ou tenda a valer. Como explicado noutros trechos deste livro, esse excesso pode ser por preço acima do valor patrimonial, ou do médio do mercado, ou da valorização do setor e da bolsa em determinado período - por exemplo, sem justificativa identificada uma ação sobre 30% em 30 dias e o setor e a bolsa no geral permanecem estáveis.

Pelo nosso critério, se a companhia estiver pagando proventos abaixo do que renderia aplicação em renda fixa e se não houver perspectiva de valorização do papel em pelo menos o equivalente ao triplo da inflação oficial nos 2 anos seguintes, vale a pena vender com lucro, mesmo que baixo. Pois **é ruim o investimento em atividade econômica e produtiva que não apresenta perspectiva de rendimento significativamente melhor do que o da renda fixa**. Jamais devemos esquecer que **boas ações são as que proporcionam aumento real de poder**

aquisitivo.

Revelando a prática da bolsa a fim de permitir ao leitor escolher o que mais lhe interessa, contamos nossa impressão de **alguns raciocínios corriqueiros aos investidores para definir venda**: **1)** Deu 50% de lucro em semanas ou meses e/ou se aproximou do valor patrimonial? Vendem; **2)** Deu 30% em dias ou semanas e há renda fixa de mais 10%, pra fechar 40% no ano? Vendem; **3)** Deu ou não lucro e é maior a probabilidade de cair R$ 1,00 ou 30% por ação do que subir mais 10%? Vendem, pois é melhor lucrar R$ 1,00 por ação e recomprar o mesmo número, correndo o único risco de apenas não ganhar mais, do que correr o risco de queda até o valor da compra ou mesmo abaixo dele. Especialmente quando dentro dos citados R$ 20 mil isentos por mês. Salvo se for alta a probabilidade de continuidade de pagamento de proventos acima de 12% sobre o valor atualizado da compra, bem como de valorização a médio prazo (porque o P/VP está baixo); **4)** Realizar (alienar) a compra quase boa com lucro entre 20 e 30%, ainda mais se em poucos dias ou semanas, pois com isso somado à renda fixa haverá ganho de 1/3 ao ano, alcançando-se provavelmente o objetivo do investidor e evitando-se risco maior pela valorização excessiva em pouco tempo, fato que deve levar à breve e acentuada queda; **5)** Ao investir em empresas através de ações a quantia total de até R$ 2 milhões, a curto prazo fazer compras "quase boas" com 1% desse capital e vender os papéis dentro da isenção de imposto de renda, atualmente (2017) de R$ 20.000,00 no mês (1% de R$ 2 milhões). Pois o lucro líquido fica "aumentado" em 15%, a quantidade de ações vendidas corresponde às compradas, investe-se a curto prazo em torno de 12% do capital total, diversificando-se o resto com investimentos a médio e a longo prazo; **6)** É bem mais provável que um preço se recupere pra patamar historicamente alcançado do que alcance um novo patamar recorde. Por isso, igualmente é mais provável que se ganhe dinheiro ao se vender a ação que se aproximar do seu máximo histórico, recomprando-se no futuro abaixo desse preço de venda; **7)** Considerando-se fatores mais isolados, vendem-se companhias lucrativas pela valorização excessiva, as com problemas estruturais (individuais) alienam-se logo; aquelas com problemas apenas conjunturais (gerais sociais, políticos, econômicos) tendem a ter os preços delas recuperados quando tal conjuntura melhorar e assim tendem a ser mantidas na carteira; oportunidade melhor seguidamente ocasiona venda, tão somente para realocação do capital e não por ser ruim o investimento atual; para muitos, notícias ruins são suficientes pra se vender; o alcance de uma meta pode colocar fim a um investimento, bem como ocorre encerramento pela necessidade de utilização diversa do dinheiro; talvez a razão mais comum de alienação de papéis seja prejuízo.

Por fim, expomos separadamente **um oitavo raciocínio para se vender**, mais longo e detalhado, para quem decide investir em (i) empresas boas (ii) a longo prazo, (iii) sempre comprando e vendendo de acordo com os excessos de preços identificados na bolsa.

A conjugação desses 3 critérios teóricos e a observância histórica de tal prática podem assim orientar pra se alocar o capital: constantemente acompanhar as empresas que se encaixam em certo perfil, adquirir ações delas preferencialmente de acordo com os fundamentos individuais, vender quando uma companhia for valorizada excessivamente pelo mercado, recomprar a mesma empresa assim que o preço dela voltar ao normal, geralmente usando o lucro para aumentar o número de ações.

E **para identificar uma valorização excessiva** se considera a média de 1% ao dia pelo período mínimo de 30 dias, relativizando-se esse critério de acordo com o desempenho individual da companhia (inclusive P/VP e demais fundamentos dela), do setor respectivo e da economia nacional e internacional – os quais apontarão se o ganho mais provável está em vender ou manter os papéis de determinada empresa.

Desse modo, se uma sociedade anônima se valoriza mais do que os concorrentes no mesmo setor, trata-se de uma causa específica dela, a qual pode ser identificada e justificar a manutenção da ação ou pode ser desconhecida e embasar a venda. A manutenção justificada pode ser viabilizada através de ordem com garantia de ganho mínimo (*stop gain*), enquanto a valorização desmotivada proporcionará alta probabilidade de oportunidade venda e breve recompra por preço mais baixo.

Esse procedimento aparenta ser eficaz para se alcançar, por exemplo, em décadas, **rendimento médio anual de 33% sobre o ano anterior**, especialmente ao pequeno e ao médio investidor, **que em percentual superarão o rendimento médio dos grandes, na casa dos 20% anuais.**

Pois **os maiores investidores têm tanto dinheiro que nem sempre conseguem comprar ou vender a quantidade desejada de ações sem alterar o preço a ponto de este deixar de ficar atrativo para o próprio grande investidor** que o alterou por tanto negociar.

Claro que sempre haverá casos individuais com obtenção de rendimento médio inferior ou superior ao exemplificado 33% ao ano – ou a outra meta. Mas, **como tudo se baseia em probabilidade, é preciso de início fixar um pretendido resultado satisfatório, comprar ou vender de acordo com ele e avaliar o resultado conforme essa pretensão inicial e não o resultado alheio.**

Nesse mesmo oitavo raciocínio, é possível que uma recompra em 20% abaixo do preço da venda anterior, somada a proventos de 10%, alcance o ótimo desempenho de 33% ao ano. **Ou em valores ou em número de ações e ambos significarão uma evolução patrimonial extraordinária.**

E não podemos deixar de comentar que esse oitavo critério de venda chega a parecer mágico **se for reaplicado o rendimento médio de 33% ao ano sobre o acumulado no ano anterior: aplicando-se R$ 1, em 10 anos se terá R$ 17, em 15 anos se terá R$ 71, em 20 anos se terá R$ 303.**

Nessa área, a matemática financeira é fonte riquíssima de informação e motivação. Até mesmo em renda fixa, para algo que com certeza está ao alcance de todos: **em 5 anos, os juros compostos significam ganho 30% maior do que o dos juros simples.**

Aqui, por um outro prisma, chega-se à lógica já vista em pontos anteriores: **amplo benefício da reaplicação de lucros, tanto para multiplicação quanto para a proteção do capital**. Ao não se venderem ações se elas caírem abaixo do valor de compra (parceiro da empresa no mau momento), a alienação de ações em caso de valorização excessiva, seguida da recompra quando o preço do papel cair e voltar a ficar adequado, não é apenas uma forma de lucro ou de aumento do número de unidades de ações compradas da mesma companhia e sim também uma criação de margem de segurança.

Afinal, quando o preço da ação cair abaixo do último pago por ela, passa-se a ter uma margem (lucros anteriores) para essa queda não significar perda. Desse raciocínio, alguns podem inclusive tirar **limites para vender** (sem prejuízo algum), como o do preço de compra menos o lucro acumulado com revendas, descontando-se ou não a inflação, aplicando-se ou não remuneração fixa pelo capital investido etc.

Derradeiramente sobre esses ditos raciocínios para definição de venda, aos interessados pelos **métodos mais simples**, podem-se indicar 2 critérios gerais e iniciais: 1) Fazer compras boas e em regra nunca mais vender tais ações é uma ótima ideia aos que desejam superar a longo prazo o desempenho da aplicação em renda fixa, ter ganho real de poder aquisitivo e dedicar bem pouco tempo ao acompanhamento do mercado (depois de definir as próprias regras de investimento, em média devem bastar menos de 5 horas mensais); 2) Fazer compras boas e em regra vender as ações excessivamente valorizadas pelo mercado (ex: preço acima do valor patrimonial ou bem acima da média daquele historicamente pago pelo mercado etc.), utilizando o dinheiro pra futura recompra do mesmo papel ou para aquisição de ativo diverso bom e desvalorizado parece ser uma opção mais rentável e segura do que a anterior, mas que exige mais conhecimento e bem mais tempo (depois de definir as próprias regras de investimento, em média devem bastar 5 horas semanais). Para esses dois critérios sugeridos, seriam exceções vender quando o preço de tão alto se torna especulativo, quando o objetivo do investimento é alcançado, quando se quer dar ao dinheiro um destino diverso de ações etc.

[26] É útil **se manter informado em 4 níveis de desempenho**: da economia geral global, da economia geral do país, do setor, da empresa.

Também é útil formar um **grupo de estudo** ou de acompanhamento dessa área, a fim de dividir tarefas e trocar opiniões, informações, análises, dicas, pesquisas, economizar tempo, desenvolver raciocínios mais seguros para negociar, seguir os acertos dos outros e evitar os erros alheios.

Considerar **opinião de analistas** financeiros (bancos e corretoras) é sempre útil, pois acaba sendo um "**raio X**" da **mentalidade predominante no mercado** - mesmo que eles geralmente sugiram especulação.

Mas **tão somente seguir as dicas desses profissionais fica muito arriscad**o, já que, entre outros motivos, quando eles sugerem comprar geralmente muita gente já comprou e a ação já subiu, bem como quando eles sugerem vender a ação provavelmente já tenha caído; então, desenvolver raciocínio próprio e se antecipar aos demais é conduta que proporciona negócios melhores e seguros.

Afinal, a maioria das pessoas que adquirem ações se comportam com euforia e depressão, razão pela qual **conhecimento, equilíbrio** (emocional e na carteira), **foco e paciência** proporcionam ampla vantagem na bolsa, comprando-se antes de grandes altas ou por preço excessivamente baixo, bem como vendendo-se antes de fortes quedas ou por preço excessivamente alto.

Uma **grande vantagem de se ter ao menos um pouco de conhecimento** na área do mercado financeiro, no mínimo pra elaborar **raciocínio próprio** e identificar ações com preço bem abaixo da média que o mercado costuma pagar em situações como as delas, é encontrar boas oportunidades de aquisição de pequenas sociedades anônimas (pequenas se comparadas às grandes da bolsa, pois já possuem milhões em patrimônio).

Sem ter esse conhecimento, os investidores acabam seguindo dicas de bancos e corretoras, os quais geralmente não analisam essas pequenas companhias da bolsa, já que a liquidez delas é baixa (permitem comprar e vender apenas com pouco dinheiro cada vez). Se um analista financeiro indicasse a vários clientes dele uma aquisição dessas, muita gente ao mesmo tempo tentaria adquirir o mesmo papel e não haveria tanta ação assim à venda, fato que aumentaria muito e artificialmente o preço respectivo.

Com raciocínio próprio, antes da ampla maioria das pessoas (que segue dicas de bancos e corretoras) se passa a achar preços equilibrados, adequados segundo o critério prevalecente no mercado, tanto na aquisição quanto na alienação. E, logicamente, **quem chega primeiro ganha mais**. Pois, se a compra e a venda forem equilibradas, afastando-se depressão e euforia, o rendimento médio a longo prazo fica ainda maior.

Ademais, pra quem nessa área já caminha com as próprias pernas, nunca se pode esquecer que as empresas negociadas na bolsa de valores geralmente estão entre as melhores do mundo. Então, é útil se ter em mente que **sempre existem boas aquisições a se fazer, seja em momentos de queda, seja em momentos de alta**: o sucesso é identificá-las.

Em **período de baixa**, é mais fácil de se encontrar essas boas oportunidades, porque elas são mais numerosas e ficam escancaradas. Em **tempo de alta** na bolsa, também há boas compras, tanto de empresas que individualmente caíram, quanto daquelas que ainda não subiram muito, além das que subirão muito mais, mas a identificação de bons negócios é mais difícil (por exigir mais conhecimento e ser mais desafiadora).

[27] Atualmente, a cultura de investimento predominante é a de **especulação**, de modo que a maioria das pessoas através de análise técnica adquire ações com base em critérios de cálculo bastante parecidos, os quais identificam uma faixa de preço como sendo a de provável alta intensa de determinado papel.

Isso logicamente faz com que bastante gente compre o mesmo papel por preço próximo, demanda (fluxo) que por sua vez contribui para o preço subir de verdade. Mas essa "arrancada" é artificial, já que se baseia num cálculo de quem quer apenas comprar e logo vender - e não investir para desenvolver a atividade da companhia, tornando-se sócio dela por anos.

Desse mesmo modo, como a ação pode subir artificialmente por muitos cálculos parecidos, caso o suba mesmo, ela logo tende a cair, pois esses especuladores irão vendê-la e todos sabemos que a oferta maior do que a demanda faz o preço diminuir.

Por isso, acreditamos ser mais **seguro e rentável o investimento em empresas cuja atividade econômica desenvolvida gere proventos equivalentes à inflação real** e a ação respectiva tenda a se valorizar, mesmo que paulatinamente, a longo prazo, sem arrancadas, uma vez que para adquirir estaremos considerando fatores reais e não artificiais.

A prática nos mostra que (felizmente) **ganha mais** quem investe em ações de empresas injustamente desvalorizadas do que quem compra seguindo o "fluxo de prováveis arrancadas".

www.ingramcontent.com/pod-product-compliance
Lightning Source LLC
Chambersburg PA
CBHW061218180526
45170CB00003B/1056